電気の圧力鍋
大活躍レシピ

フルタニマサエ

成美堂出版

Contents

1章 電気圧力鍋の人気料理BEST10

2章 肉料理

この本の使い方

◉材料や作り方に表示している小さじ1は5㎖、大さじ1は15㎖、1カップは200㎖、米1合は180㎖です。
◉塩は天然塩、小麦粉は薄力粉、特に指定のない場合、しょうゆは濃い口しょうゆ、砂糖は上白糖、だし汁は昆布と削り節からとったものを使用しています。
◉材料(作りやすい分量)とは1回に調理しやすく、使いやすい分量です。
◉野菜や果物は皮をむく、ヘタや種、すじを取る、根元を切る、きのこは石づきを取るなどの下ごしらえをすませてからの手順を説明しています。

電気圧力鍋を
手動で使いこなす

自動メニューを押すだけの「ほったらかし調理」で人気の電気圧力鍋。

でも、いつも同じメニュー、同じ味では飽きてしまいますし

自分の好みの味にアレンジしたくなることもあります。

この本では電気圧力鍋の手動メニューを使うことで

自由に作れる、もっとおいしいレシピを紹介しています。

さあ、あなたの電気圧力鍋をもっともっと活用しましょう！

●この本ではアイリスオーヤマの「電気圧力鍋　KPC-MA2」を使用しています。
他の機種や他のメーカーの電気圧力鍋も使い方はおおむね共通していますが、
圧力の違いによる調理時間の差、設定方法、機能の名称、パーツの扱い方など異なる部分もあるので、
取扱説明書をよく読んでから使ってください。圧力調理の時間についても
様子を見ながら使ってください。

この本のレシピは、手動メニューの<u>圧力調理</u>と<u>鍋モード</u>を使います。

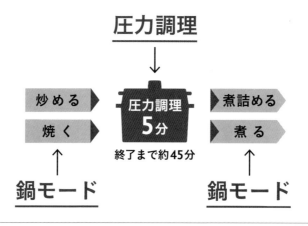

圧力調理
↓

炒める ▶
焼く ▶
　圧力調理
　5分
終了まで約45分
▶ 煮詰める
▶ 煮る

↑
鍋モード

↑
鍋モード

時間をセットして使う 手動メニューで**圧力調理**する

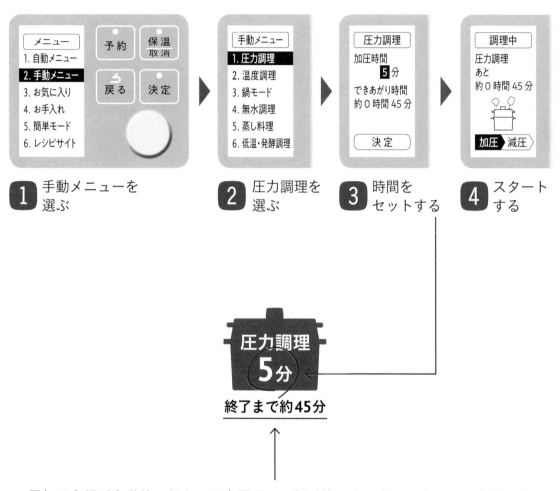

1 手動メニューを選ぶ

2 圧力調理を選ぶ

3 時間をセットする

4 スタートする

圧力調理 **5分**

終了まで約45分

電気圧力鍋が自動的に行う、圧力調理の工程が終了するまでのすべての時間です。

そのため加圧時間が約10分、圧力調理後の減圧時間が約30分含まれます。

ここに表示される時間には、鍋モードでする

「炒める」や「煮詰める」、「終了したら30分おく」などの時間は

含まれません。

手動メニューの**鍋モード**を使う

鍋モード(機種によっては違う名称)はふたを外したままの状態で
内鍋が熱せられて調理ができ、火力の調整もできる機能です。
同様の機能がない場合はフライパンや鍋を使ってください。

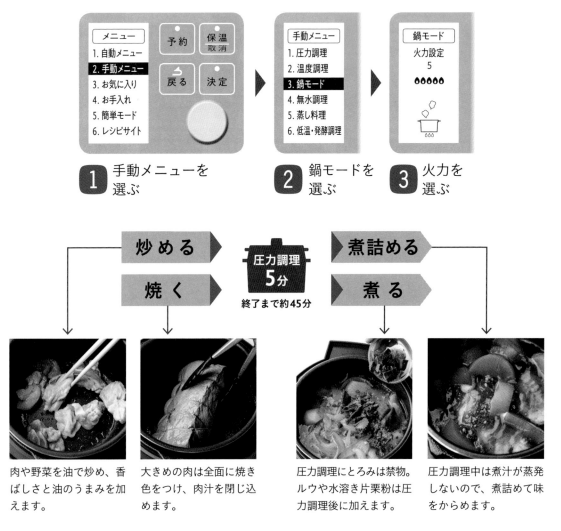

メニュー
1. 自動メニュー
2. 手動メニュー
3. お気に入り
4. お手入れ
5. 簡単モード
6. レシピサイト

予約 　保温
取消

戻る　決定

1 手動メニューを
選ぶ

手動メニュー
1. 圧力調理
2. 温度調理
3. 鍋モード
4. 無水調理
5. 蒸し料理
6. 低温・発酵調理

2 鍋モードを
選ぶ

鍋モード
火力設定
5

3 火力を
選ぶ

炒める

焼く

圧力調理
5分
終了まで約45分

煮詰める

煮る

肉や野菜を油で炒め、香
ばしさと油のうまみを加
えます。

大きめの肉は全面に焼き
色をつけ、肉汁を閉じ込
めます。

圧力調理にとろみは禁物。
ルウや水溶き片栗粉は圧
力調理後に加えます。

圧力調理中は煮汁が蒸発
しないので、煮詰めて味
をからめます。

アルミホイルの落としぶた

水分量の少ないレシピなどには、アルミホイル
で作った落としぶたを使っています。内鍋に合
わせてアルミホイルを切り、真ん中を1cmほど
破って材料にかぶせます。不織布や紙などやわ
らかい材質のものを使うと、圧力調整弁をふさ
ぐことがあるので絶対に避けてください。

1章

電気圧力鍋の
人気料理 BEST 10

みんなが好きな定番料理を
電気圧力鍋の機能をフルに使って
簡単に！ おいしく！ 作りましょう。

下ゆでなしで煮る簡単レシピ。
しっかり味のしみた
豚三枚肉のおいしさが堪能できます。

角煮

材料(3〜4人分)

豚バラ肉(ブロック)…500g

長ねぎ…½本

しょうが…1かけ

A

　酒…大さじ4

　水…大さじ4

　みりん…大さじ3

　しょうゆ…大さじ3

　砂糖…大さじ2

作り方

1　豚肉は6等分に切る。長ねぎは2cm長さに切り、しょうがは薄切りにする。

2　圧力鍋の内鍋に1を入れ、混ぜ合わせたAを加える。

3　アルミホイルで落としぶたをし(写真**a**)、ふたを閉めて**40分圧力調理**し、終了したらさらにそのまま30分おく。

4　<u>鍋モード</u>の強めの中火にし、ときどき混ぜながら7〜8分煮詰める(写真**b**)。

memo

天盛りにした白髪ねぎの作り方は、3〜4cm長さの長ねぎに切り目を入れて芯を取り、縦にせん切りにして水にさらし、水けをきる。お好みで角煮を冷蔵庫で冷やし、固まった脂を除いてもいい。

豚肉と調味料を内鍋に入れ、落としぶたをする。

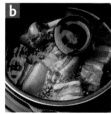

鍋モードで煮詰めて味をしみ込ませる。

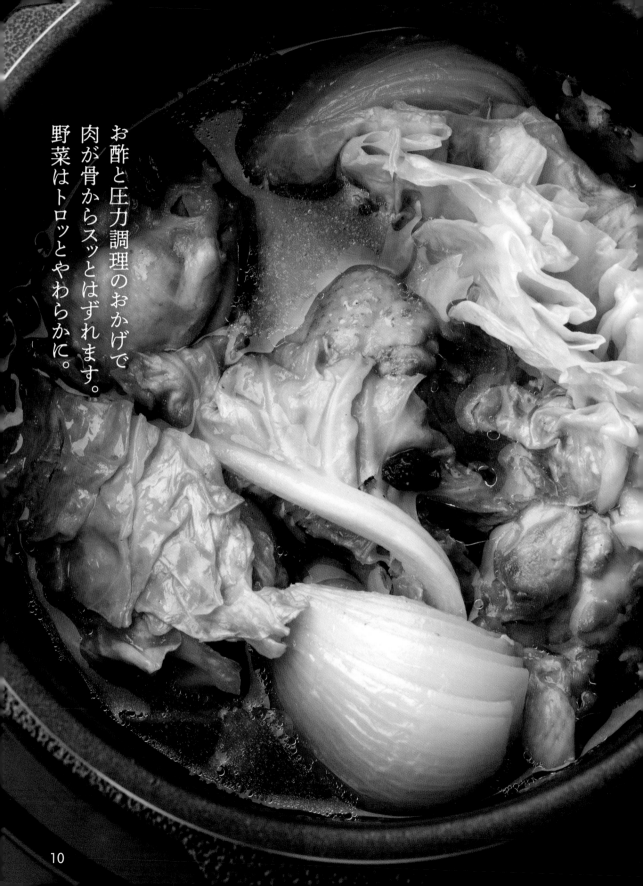

お酢と圧力調理のおかげで
肉が骨からスッとはずれます。
野菜はトロッとやわらかに。

鶏手羽と野菜のさっぱり煮

圧力調理
6分

終了まで約46分

▶煮詰める

材料(2〜3人分)

鶏手羽元…6本(360g)

玉ねぎ…½個

キャベツ…¼個

レーズン…大さじ1〜2

A

   みりん…大さじ3

   水…大さじ3

   酢…大さじ2

   しょうゆ…大さじ2

   酒…大さじ2

   粗びき黒こしょう…少々

作り方

1 玉ねぎとキャベツは縦半分に切る。

2 圧力鍋の内鍋に手羽元を入れ、**1**とレーズンをのせる(写真**a**)。

3 混ぜ合わせた A を回しかけ(写真**b**)、アルミホイルで落としぶたをし、ふたを閉じて**6分圧力調理**する。

4 **鍋モード**の強めの中火にし、3〜4分煮詰める。

火の通りにくい手羽元を底に入れて野菜をのせる。

酢の入った調味料を加えて圧力調理を6分する。

まず牛肉を炒めて香ばしさをプラス。デミグラスソースは最後に加え、煮詰めて味を凝縮させます。

ビーフシチュー

材料(3〜4人分)

牛すね肉(煮込み用角切り)…400g
塩…小さじ1
こしょう…少々
小麦粉…適量
にんにく…1かけ
玉ねぎ…1個
にんじん…小1本
マッシュルーム…6個
A
水煮トマト(カット)…1カップ
赤ワイン…½カップ
水…½カップ
ローリエ…2枚
B
デミグラスソース…1カップ
塩…小さじ½

サラダ油…大さじ2

作り方

1 牛肉は塩とこしょうをふり、小麦粉を薄くまぶす。

2 にんにくはみじん切り、玉ねぎは薄切り、にんじんは6〜8等分に切る。

3 圧力鍋の内鍋にサラダ油大さじ1を入れて**鍋モード**の強火にし、牛肉の両面に焼き色をつけ(写真a)、取り出す。残りのサラダ油を加えて**2**を炒め、全体に油が回ったら牛肉を戻す。

4 **3**にAを加え(写真b)、ふたを閉めて**20分圧力調理**し、終了したらさらにそのまま10分おく。

5 **4**にB、縦半分に切ったマッシュルームを加え、**鍋モード**の強めの中火にし、とろみが出るまで7〜8分煮る。

memo
マッシュルームは最後に加えると縮みにくい。

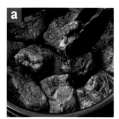
鍋モードで牛肉を炒め、
肉汁を閉じ込める。

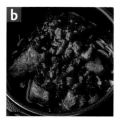
赤ワインやトマトなどを
加え、圧力調理をする。

圧力調理3分でこっくり煮た味に。
しょうがとごぼうの香りがきいた
ご飯がすすむおいしさです。

さばのみそ煮

圧力調理
3分

煮詰める

終了まで約43分

材料(2人分)

さば(半身)…1枚(約200g)
しょうが…1かけ
ごぼう…40g
A
　みそ(あれば赤みそ)…大さじ2
　酒…大さじ3
　水…大さじ3
　砂糖…大さじ2

作り方

1　さばは半分に切り、皮に十字の切り目を入れる。

2　しょうがは薄切りにし、ごぼうはピーラーで薄切りにする。

3　圧力鍋の内鍋にさばを入れ、周りに**2**を加え、混ぜ合わせた Aを回しかける(写真**a**)。

4　アルミホイルで落としぶたをし、ふたを閉めて**3分圧力調理**する。

5　**鍋モード**の強めの中火にし、3〜4分煮詰める。

煮汁が少なめなので全体に回しかけるのがコツ。

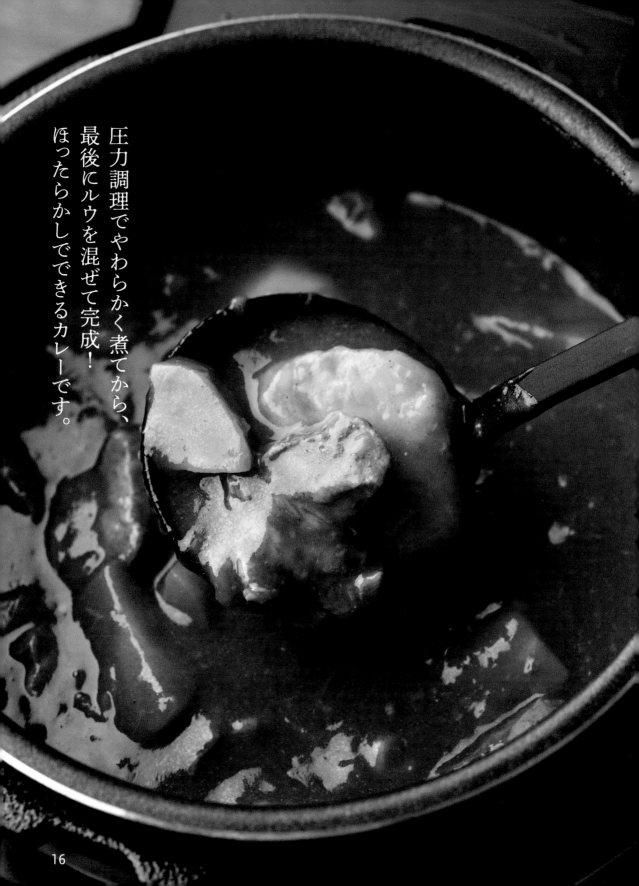

圧力調理でやわらかく煮てから、最後にルウを混ぜて完成！ほったらかしでできるカレーです。

ポークカレー

材料(3〜4人分)

豚肩ロース肉(煮込み用角切り)
　…300g
玉ねぎ…1個
にんじん…½本
じゃがいも…2個
水…1と½カップ
カレールウ…60g(3〜4皿分)

作り方

1　玉ねぎは1cm厚さのくし形切りにし、にんじんは乱切り、じゃがいもは半分に切る。

2　圧力鍋の内鍋の中央に豚肉を入れ、周りと上に**1**を加え(写真**a**)、水を回しかける。

3　ふたを閉めて**10分圧力調理**し、終了したらさらにそのまま10分おく。

4　**鍋モード**の強めの中火にし、刻んだルウを加え(写真**b**)、混ぜながら2〜3分煮る。

熱源に近い中央に豚肉を
入れてから野菜を加える。

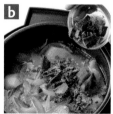

とろみのつくカレールウ
は圧力調理後に加える。

鶏肉と野菜の味がひとつになった
滋味あふれる煮もの。
圧力調理だから味がしみています。

筑前煮

炒める ▶ 圧力調理 5分 ▶ 煮詰める

終了まで約45分

材料(3〜4人分)

鶏もも肉…½枚(150g)

にんじん…80g

ごぼう…40g

ゆでたけのこ…70g

干ししいたけ…2枚

こんにゃく(アク抜きずみ)…½枚

A

> だし汁…½カップ
>
> 酒…大さじ3
>
> みりん…大さじ2
>
> しょうゆ…大さじ2
>
> 砂糖…大さじ1

サラダ油…大さじ1

作り方

1 干ししいたけは水に10分ほど浸け、半分に切る。

2 鶏肉は4cm角に切る。にんじんとごぼうは乱切りにし、たけのこは大きめのひと口大に切る。こんにゃくはスプーンでひと口大にかき取る。

3 圧力鍋の内鍋にサラダ油を入れ、**鍋モード**の強火にして鶏肉を炒める(写真**a**)。色が変わったら取り出し、にんじんとごぼうを炒める。

4 **3**に鶏肉を戻し、しいたけ、たけのこ、こんにゃく、混ぜ合わせたAを加える(写真**b**)。アルミホイルで落としぶたをし、ふたを閉めて**5分圧力調理**する。

5 **鍋モード**の強めの中火にし、煮汁が半量になるまで煮詰める。

鶏肉の色が変わるまで炒め、いったん取り出す。

根菜と鶏肉を炒めてから調味料を加える。

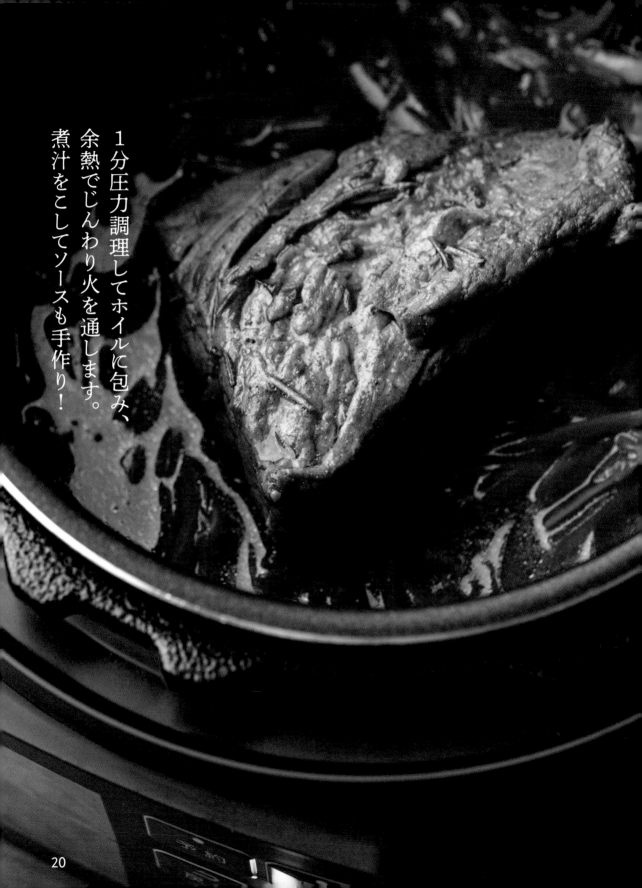

１分圧力調理してホイルに包み、
余熱でじんわり火を通します。
煮汁をこしてソースも手作り！

ポットローストビーフ

炒める　▶　圧力調理 1分
終了まで約41分

材料(3〜4人分)

牛もも肉(ブロック)…300g
A
  ローズマリー(乾燥)…小さじ1
  塩…小さじ½
  こしょう…少々
玉ねぎ…¼個
にんじん…20g
セロリ…¼本
にんにく(つぶす)…1かけ分
B
  水…大さじ3
  赤ワイン…大さじ2
  塩、こしょう…各少々
C
  しょうゆ…大さじ2
  水…大さじ2

サラダ油…大さじ1
バター…大さじ1

作り方

1　牛肉はAをすり込んでラップに包み、冷蔵庫に入れて1時間以上おく。

2　玉ねぎは薄切り、にんじんはせん切り、セロリは小口切りにする。

3　調理する30分前に牛肉を室温に出す。圧力鍋の内鍋にサラダ油を入れ、**鍋モード**の強火にし、牛肉を焼く(写真**a**)。全面を焼いたら取り出し、**2**を炒める。

4　野菜に油が回ったら牛肉を戻し、にんにく、混ぜ合わせたBを加え(写真**b**)、ふたを閉めて**1分圧力調理**する。

5　終了したらさらにそのまま20分おき、牛肉を取り出してアルミホイルに包む。室温まで冷ましてから、薄切りにする。

6　**5**の煮汁をざるでこして小鍋に入れ、Cを加えて中火にかける。とろみが出たら火から下ろし、かき混ぜながらバターを加え、ソースにする。

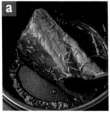

転がして牛肉の表面を焼き、いったん取り出す。

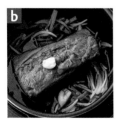

香味野菜を炒めたら牛肉を戻し、調味料を加える。

昆布のうまみと梅干しの酸味をきかせた
さっぱりした味わいです。
骨ばなれがよくて食べやすいのも魅力。

いわしの梅昆布煮

圧力調理
1分

終了まで約41分

材料(3〜4人分)

いわし…4尾(400g)

昆布(8×8cm)…1枚

梅干し…2個

しょうが(薄切り)…1かけ分

A
- 酒…大さじ4
- しょうゆ…大さじ2
- 砂糖…大さじ1

作り方

1 昆布は水½カップに5〜6分浸けて戻す。昆布と戻し汁に分け、戻し汁にAを加えて混ぜる。

2 いわしは頭と胸びれを切り落とし、内臓を除く。

3 圧力鍋の内鍋に1の昆布を敷き、いわしを互い違いに並べ、しょうがと梅干し、1のAを混ぜた戻し汁を加える(写真a)。いわしに押しつけないようにアルミホイルで落としぶたをし、ふたを閉めて**1分圧力調理**する。

4 終了したらさらにそのまま10分おく。

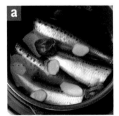

いわしは互い違いに入れると省スペース。

煮るのにかなり時間がかかる
厚切りの大根でも、圧力調理なら15分。
お好みのみそで召し上がれ。

ふろふき大根

圧力調理
15分
終了まで約55分

材料(3人分)

大根…12cm

A
　だし汁…2カップ
　塩…ひとつまみ

ゆずみそ
　白みそ…大さじ1と½
　煮きりみりん…大さじ1
　ゆずの皮(せん切り)…少々

赤みそ
　赤みそ…大さじ1
　砂糖…大さじ2
　七味唐辛子…少々

作り方

1　大根は3等分して皮をむき、片面に十字の切り目を入れ、面取りする。

2　圧力鍋の内鍋に切り目を下にして大根を入れ、Aを加える。アルミホイルで落としぶたをし、ふたを閉めて**15分圧力調理**する。終了したらさらにそのまま10分おく。

3　大根の切り目を下にして器に盛り、ゆずみそと赤みその材料をそれぞれ混ぜ合わせてのせる。

切り目を入れた面を下にして並べ、圧力調理する。

浸水しないで煮る
画期的レシピ！
2回に分けて圧力調理し、
甘みをしみ込ませます。

黒豆

材料(作りやすい分量)

黒豆…150g

水…2カップ

A

　砂糖…100g

　しょうゆ…大さじ½

　塩…小さじ¼

作り方

1　黒豆はさっと洗い、圧力鍋の内鍋に入れて分量の水を加える
(写真**a**)。アルミホイルで落としぶたをし、ふたを閉めて**10分圧
力調理**し、終了したらさらにそのまま1時間おく。

2　Aを加えてさっと混ぜ、再び落としぶたをし、ふたを閉めて
3分圧力調理し、さらにそのまま冷めるまでおく。

memo

2で冷める前にふたを開けると、豆にシワがよることも。甘さ控えめのレ
シピなので、好みで砂糖の量は調節して。

浸水なしだから、思いつ
いたらすぐ作れる。

鶏がらスープのレシピ

電気圧力鍋なら火力調整やアク取りなどで
つきっきりになる必要がなく、
おまかせでおいしい鶏がらスープが作れます。

鶏がらスープ

骨から引き出された濃厚なうまみは、圧力調理ならでは。
スープや麺類、たれの材料として、和洋中に大活躍します。

**圧力調理
3分**

終了まで約43分

材料(作りやすい分量)

鶏がら…1羽分

水…4カップ

長ねぎの青い部分…1本分

塩、こしょう…各適量

材料は洗った鶏がら
と長ねぎ、水だけ。

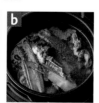

アクが散らないので、
ざるでこせばOK。

作り方

1　鶏がらは流水でよく洗い、脂肪や血合いを除く。

2　圧力鍋の内鍋に鶏がら、長ねぎを入れて分量の水を加え(写真**a**)、ふたを閉めて**3分圧力調理**する。

3　終了したら(写真**b**)、鶏がらと長ねぎを取り除き、不織布のクッキングペーパーを敷いたざるでスープをこす。

4　塩、こしょうで軽く調味して冷蔵し、3〜4日間を目安に使いきる。

memo

中華料理に使うなら、**2**でしょうがの薄切り1かけ分を加えてもよい。

2章

肉料理

ブロック肉や骨つき肉だっておまかせ！
圧力調理で肉のうまみを引き出し、
やわらかく味わい深く仕上げます。

塩豚

材料(作りやすい分量)

豚肩ロース肉(ブロック)…500g

A

　塩…小さじ2

　砂糖…小さじ1

　粗びき黒こしょう…小さじ¼

ローリエ…2枚

水…1と½カップ

塩漬けしたかたまり肉を圧力調理。うまみが凝縮され、肉質はしっとり。作っておくとアレンジ自在。

作り方

1 豚肉は半分に切ってAをすり込み、ラップに包んで冷蔵庫に
1〜2時間おく。

2 圧力鍋の内鍋に豚肉を入れ、ローリエをのせて水を加える(写
真**a**)。

3 アルミホイルで落としぶたをし、ふたを閉めて**10分圧力調理**
する。終了したらさらにそのまま10分おく。

4 汁ごと保存容器に入れ、冷ます。汁に浸けたまま、冷蔵で2
〜3日間を目安に使いきる。汁はスープに利用できる。

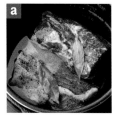

水はひたひた程度で十分。
多すぎると味がぼやける。

塩豚をArrange **1** # 塩豚のレタス包み　くるみみそ添え

葉野菜で包んで食べると口当たりが軽くてヘルシー。くるみみその甘みが塩豚の味を引き立てます。

材料(2人分)

塩豚(7〜8mm厚さ)…5〜6枚

レタス…2枚

長ねぎ…8〜10cm

A

　くるみ(みじん切り)…大さじ2

　おろしにんにく…少々

　みそ…大さじ1

　しょうゆ…大さじ1

　砂糖…大さじ1

　ごま油…小さじ2

作り方

1 レタスは手のひら大にちぎる。長ねぎは長さ
を半分に切り、縦に切り目を入れて芯を取り、縦
にせん切りにする。

2 Aは混ぜ合わせて器に入れる。

3 器に塩豚を盛り、**1**、**2**を添える。

塩豚を Arrange ② ## 塩豚とパクチーのサラダ

たんぱく質がとれる、おかずになるサラダ。個性的なパクチーの風味が塩豚とよく合います。

材料(2人分)

塩豚(→p.30・1cm厚さ)…6枚
パクチー…1株
青ねぎ…1本
ミニトマト…3個
A
 ┌ ナンプラー…小さじ2
 │ 酢…小さじ2
 │ 砂糖…小さじ½
 │ 粗びき黒こしょう…少々
 └ サラダ油…大さじ2

作り方

1 塩豚は拍子木切りにする。

2 パクチーはざく切り、青ねぎは2〜3cm長さに切り、ミニトマトは横半分に切る。

3 ボウルにAを入れて混ぜ、塩豚と **2** を加えてさっくりあえる。

ポークガーリックライス

にんにくと焦がしじょうゆに黒こしょう。塩豚と相まって、文句なしのおいしさ。

材料(2人分)

塩豚(→p.30・1cm厚さ)…4枚
ご飯…茶碗2杯分
にんにく…1かけ
しょうゆ…大さじ1
粗びき黒こしょう…少々
バター…大さじ2

作り方

1　塩豚はひと口大に切る。にんにくは薄切りにする。

2　フライパンにバターとにんにくを入れて中火にかけ、にんにくが色づいたら塩豚を加えて炒める。火を止めて鍋肌からしょうゆをたらし、温かいご飯を加えて混ぜ合わせる。

3　器に盛り、黒こしょうをかける。

骨つき肉は圧力鍋におまかせ！
手づかみで食べたくなる極上の味。
ソースもうまみたっぷりです。

スペアリブのカクテルソース煮

炒める ▶ 圧力調理 20分 ▶ 煮詰める
終了まで約1時間

材料(2〜3人分)

豚スペアリブ…500g
塩…小さじ1
こしょう…小さじ¼
にんにく…1かけ
玉ねぎ…½個
セロリ…½本

カクテルソース
　水煮トマト(カット)…½カップ
　赤ワイン…½カップ
　トマトケチャップ…大さじ2
　ウスターソース…大さじ2
　みりん…大さじ1
　ローリエ…2枚

サラダ油…大さじ1

作り方

1　スペアリブは塩、こしょうをまぶす。

2　にんにくはつぶし、玉ねぎは薄切り、セロリは斜め薄切りにする。

3　圧力鍋の内鍋にサラダ油、にんにくを入れ、**鍋モード**の強火にして**1**を焼き(写真**a**)、スペアリブを取り出す。残りの**2**を加えて炒め、全体に油が回ったらスペアリブを戻す。

4　混ぜ合わせたカクテルソースの材料を**3**に加え(写真**b**)、ふたを閉めて**20分圧力調理**し、終了したらさらにそのまま30分おく。

5　**鍋モード**の強めの中火にし、煮汁が半量になるまで煮詰める。

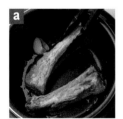

2本ずつ焼き、表面の色が変わったら取り出す。

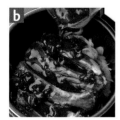

炒めた野菜、スペアリブ、調味料の順に入れる。

コクがあるけれど硬い肩ロース肉を
圧力調理でやわらかく
味わい深く煮ます。

ポークビーンズ

炒める ▶ 圧力調理 **7分** ▶ 煮詰める

終了まで約47分

材料(2～3人分)

豚肩ロース肉(ブロック)…200g

玉ねぎ…1個

ゆで大豆(→p.114)…1カップ

A

　焼き肉のたれ(市販)…大さじ4

　砂糖(あればきび砂糖)…大さじ2

　マスタード…小さじ1

　塩…小さじ½

　こしょう…少々

　水…½カップ

サラダ油…大さじ1

作り方

1　豚肉は2cm角に切る。玉ねぎも同じ大きさに切る。

2　圧力鍋の内鍋にサラダ油を入れて**鍋モード**の強火にし、**1**を炒める(写真**a**)。

3　肉の色が変わったら大豆を加え(写真**b**)、混ぜ合わせたAを回しかける。ふたを閉めて**7分圧力調理**し、終了したらそのままさらに10分おく。

4　**鍋モード**の強めの中火にして5～6分煮詰める(写真**c**)。

豚肉と玉ねぎを一緒にじっくり炒める。

肉の色が変わるまで炒めたら、大豆を加える。

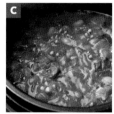

最後にかき混ぜながら煮詰めて味を凝縮する。

肩ロースで作った
さっぱりした煮豚。
おかずやおつまみに、ラーメンや
チャーハンにと大活躍します。

煮豚

材料(作りやすい分量)

豚肩ロース肉(ブロック)…250g

A
├ 長ねぎの青い部分…1本分
├ しょうが(薄切り)…1かけ分
└ 八角(あれば)…1個

B
├ 紹興酒…大さじ2
├ 酒、みりん…各大さじ2
├ しょうゆ…大さじ3
├ 砂糖…大さじ1
└ 水…大さじ3

サラダ油…大さじ1

◉紹興酒がないときは酒を大さじ4にする。

作り方

1 豚肉はタコ糸でざっと縛っておく。

2 圧力鍋の内鍋にサラダ油を入れて**鍋モード**の強火にし、1を入れて全体に焼き色をつける(写真**a**)。

3 Aを加え、混ぜ合わせたBを回しかけ(写真**b**)、アルミホイルで落としぶたをする。ふたを閉めて**15分圧力調理**し、終了したらさらにそのまま10分おく。

4 **鍋モード**の強めの中火にし、煮汁が半量になるまで煮詰める。薄切りにして器に盛り、こした煮汁をたれとして添える。

memo
4でゆで卵を一緒に煮て、冷めるまでおくと味つけ卵になる。ゆでた小松菜を盛り合わせると彩りになる。

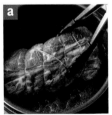

豚肉を転がして表面を焼き、肉汁を閉じ込める。

味の濃い少なめの煮汁で煮て、味をしみ込ませる。

葉で包んで蒸す
ハワイ料理をアレンジ。
もも肉のきめ細かな
肉質をいかして
レモン風味でさわやかに。

カルアピッグ風蒸し豚

材料(3〜4人分)

豚もも肉(脂身のないブロック)…300g

A
| 塩…小さじ1
| こしょう…少々
| おろしたレモンの皮…½個分

B
| 洋風スープの素(顆粒)…小さじ1
| 酒…大さじ3
| 水…大さじ4

しょうゆ…大さじ1

バター…小さじ2

ご飯…適量

レモン(くし形切り)…適量

作り方

1 豚肉は肉の繊維と直角に半分に切り、Aをまぶして30分ほどおく。

2 圧力鍋の内鍋に**1**を入れて混ぜ合わせたBを加え(写真**a**)、アルミホイルで落としぶたをする(写真**b**)。

3 ふたを閉めて**15分圧力調理**し、終了したらさらにそのまま20分おき、ふたを取ってそのまま冷ます。

4 豚肉を取り出し、細かく裂く。蒸し汁大さじ3、しょうゆを小鍋に入れて強火にかけ、⅔くらいに煮詰めたらバターを加えて混ぜ、ソースを作る。

5 豚肉とご飯を器に盛り、レモン、**4**のソース、あればディルを添える。ソースとレモン汁を豚肉にかけていただく。

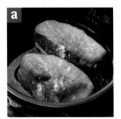

少ない水分で蒸すように煮るのがポイント。

水分量が少ないので落としぶたをして調理する。

豚薄切り肉とにんじんの昆布巻き。
トロトロに煮た昆布が美味！
お弁当やおせちにもおすすめです。

最大水位

無洗米/白米
3.0

42

豚肉の昆布巻き

材料(3〜4人分)

豚肩ロース肉(薄切り)…200g
昆布(7〜8×25〜30cm)…3枚(30g)
かんぴょう…1.5m(10g)
にんじん…½本
A
  酒…大さじ3
  みりん…大さじ2
  砂糖…大さじ2
  しょうゆ…大さじ2

作り方

1 昆布はバットに並べ、水1と½カップに浸して戻す(戻し汁はとっておく)。かんぴょうは洗い、塩少々(材料外)をまぶしてもみ、塩を流してからひたひたの水に浸して戻す。にんじんは長さを半分に切ってせん切りにし、さっとゆでる。

2 昆布の水けを拭いて広げ、手前半分に豚肉を広げて等分にのせ、にんじんを芯にして巻き、間隔を空けてかんぴょうで縛る。

3 1の昆布の戻し汁にAを混ぜる。

4 圧力鍋の内鍋に**2**を並べて**3**を加え(写真a)、アルミホイルで落としぶたをする。ふたを閉めて**15分圧力調理**し、そのままさらに30分おく。

5 **鍋モード**の強めの中火にして汁が半量になるまで煮詰める。汁に浸けたまま冷ましてから、切り分ける。

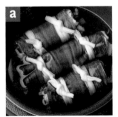

酒をベースにした甘みのある煮汁で煮る。

豚バラ大根

炒める ▶ 圧力調理 15分 ▶ 煮詰める

終了まで約55分

圧力調理で豚バラのうまみが大根にしみ込んでいます。ご飯がすすむこと間違いなし！

材料（3〜4人分）

大根…500g

豚バラ肉（薄切り）…150g

A

　酒…大さじ3

　しょうゆ…大さじ3

　みりん…大さじ2

　砂糖…大さじ2

　水…½カップ

粉山椒…少々

作り方

1　豚肉は3〜4cm長さに切る。大根は皮をむき、1.5cm厚さの半月切りにする。

2　圧力鍋の内鍋に豚肉を入れ、鍋モードの強めの中火にして炒める（写真a）。色が変わったら、大根、混ぜ合わせたAを加え、アルミホイルで落としぶたをし、ふたを閉めて**15分圧力調理**し、そのままさらに30分おく。

3　ふたを取り、鍋モードの強めの中火にし、煮汁が半量になるまで煮詰める。

4　器に盛り、粉山椒をふる。

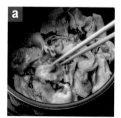

油を使わずに炒めて、バラ肉の脂を引き出す。

44

ポトフ

材料（2人分）

ベーコン（ブロック）…100g

玉ねぎ…1個

にんじん…½本

じゃがいも…1個

キャベツ…¼個

A

　洋風スープの素（顆粒）…小さじ2

　塩…小さじ½

　こしょう…少々

　ローリエ…1枚

　タイム…1本

　水…1と½カップ

マスタード…適量

作り方

1　ベーコンと野菜はそれぞれ2等分に切る。

2　圧力鍋の内鍋に**1**を入れて混ぜ合わせたAを加え（写真**a**）、ふたを閉めて**6分圧力調理**する。

3　汁ごと器に盛り、マスタードを添える。

野菜の上にベーコンをのせると、味がゆき渡る。

材料を全部入れて圧力調理6分。ベーコンの風味がしみ渡り、野菜がぐつとおいしくなります。

蒸し鶏

材料(作りやすい分量)

鶏もも肉…2枚(500g)

塩…小さじ1

こしょう…適量

水…½カップ

くるりと巻いて8分圧力調理するだけ。
さっぱりして肉質がジューシーだから、
和洋中に使い勝手がいいのです。

46

作り方

1　鶏肉は両面に塩、こしょうをすり込む。

2　皮を外側にして巻き、巻き終わりを下にして蒸し台や蒸しかごに詰める(写真**a**)。

3　圧力鍋の内鍋に分量の水を入れて**2**を置き(写真**b**)、ふたを閉めて**8分圧力調理**し、終了したらさらにそのまま**15分**おく。

4　完全に冷めてから、肉はラップに包み、汁は保存容器に入れる。冷蔵で2～3日間を目安に使いきる。

memo
付属の蒸し台や蒸しかごがないときは、丼やざるを利用して。

巻いて蒸し台に押し込むように詰めると形が整う。

水½カップを入れてから蒸しかごをセットする。

蒸し鶏を Arrange ① ▷ # よだれ鶏

薬味たっぷりのピリ辛だれ。
ご飯にもお酒にもよく合う、四川風の味です。

材料(2～3人分)

蒸し鶏…1枚
きゅうり…1本

たれ
　鶏の蒸し汁…大さじ2
　しょうが(みじん切り)…1かけ分
　おろしにんにく…½かけ分
　長ねぎ(みじん切り)…3cm分
　しょうゆ…大さじ3
　食べるラー油…大さじ1～2
　黒酢…大さじ1
　砂糖…大さじ½
　いり白ごま…小さじ1

作り方

1　蒸し鶏は薄切りにする。きゅうりは長さを3等分してせん切りにする。

2　たれの材料を混ぜ合わせ、器に入れる。

3　**1**を器に盛り合わせ、**2**を添える。

蒸し鶏を Arrange ② 蒸し鶏とアボカドのサラダ

レモンの酸味がさわやかなノンオイルサラダ。栄養もボリュームも満点です。

材料(2人分)

蒸し鶏(→p.46)…½枚

アボカド…1個

A

　玉ねぎ(みじん切り)…大さじ1

　レモン汁…大さじ½

　塩…小さじ¼

　砂糖…ひとつまみ

ピンクペッパー…少々

作り方

1　蒸し鶏は2〜3cm角に切り、アボカドは3cm角に切る。

2　ボウルにAを入れて混ぜ、**1**を加えてさっくりあえる。

3　器に盛り、ピンクペッパーをつぶしてかける。

蒸し鶏を Arrange ③ 鶏にゅうめん

蒸し鶏を作ったときのおいしい蒸し汁でスープを作ります。暑い日は冷たくしても美味。

材料(2人分)

蒸し鶏(→p.46)…½枚

そうめん…4束

わかめ(塩蔵)…適量

A
　鶏の蒸し汁＋湯…3カップ
　鶏がらスープの素(顆粒)…小さじ1
　塩…小さじ1弱

青ゆずの皮…少々

作り方

1 蒸し鶏は薄切りにする。わかめは水に浸けて戻し、ひと口大に切る。

2 そうめんはゆで、2〜3回水を替えて洗い、水けをきる。

3 鍋にAを入れて中火にかけ、煮立ったら**2**を加える。再び煮立ったら**1**を加え、軽く温める。

4 器に盛り、青ゆずの皮をすりおろしてかける。

ルウを使わずスパイスで作る本格派。
骨付き肉を圧力調理して
コクのある味わいに。

インド風チキンカレー

炒める ▶ 圧力調理 15分 ▶ 煮詰める

終了まで約55分

材料（2〜3人分）

鶏手羽元…6本（360g）
塩、こしょう、小麦粉…各適量
玉ねぎ…1個
にんじん、セロリ…各½本
しょうが…2かけ
にんにく…1かけ
レーズン（みじん切り）…大さじ2
A
  水煮トマト（カット）…1カップ
  カレー粉…大さじ3
  洋風スープの素（顆粒）…小さじ2
  塩…小さじ1
  はちみつ、中濃ソース…各大さじ2
  酢…大さじ1
  くるみ（みじん切り）…大さじ2

水…2カップ
バター…大さじ2

作り方

1 手羽元は塩、こしょう各少々をふり、小麦粉を薄くまぶす。玉ねぎは薄切りにする。

2 にんじん、セロリ、しょうが、にんにくはみじん切りにする。

3 圧力鍋の内鍋にバター大さじ1を入れて**鍋モード**の強火にし、手羽元を炒め（写真**a**）、薄く焼き色がついたら取り出す。

4 **3**の鍋に残りのバターを溶かし、玉ねぎをきつね色になるまで炒めたら、**2**、レーズンを加えてさらによく炒める。

5 **4**に手羽元を戻し、混ぜ合わせたA、分量の水を加え（写真**b**）、ふたを閉めて**15分圧力調理**する。終了したらさらにそのまま20分おく。

6 **鍋モード**の強めの中火にして7〜8分煮詰める。

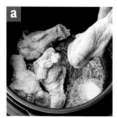

手羽元に小麦粉をつけておくと味がよくからむ。

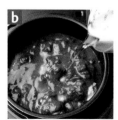

炒めた野菜の上に手羽元をのせ、調味料を加える。

圧力調理だからできる
骨つき鶏もも肉の
韓国風煮込み。
手軽に作れる
サムゲタンです。

52

サムゲタン

材料(2〜3人分)

鶏もも肉(骨つき)…2本

しょうが…1かけ

にんにく…1かけ

なつめ(乾燥)…4個

ご飯…大さじ2

A
｜塩…小さじ½強
｜鶏がらスープの素(顆粒)…小さじ1
｜水…2カップ

青ねぎ…1〜2本

クコの実…少々

松の実…大さじ1

糸唐辛子(あれば)…少々

作り方

1 しょうがは薄切りにし、にんにくは半分に切ってつぶす。

2 圧力鍋の内鍋に鶏肉、**1**、なつめを入れ、混ぜ合わせたAを加え(写真**a**)、ご飯を加える(写真**b**)。

3 ふたを閉めて**15分圧力調理**し、終了したらさらにそのまま15分おく。

4 青ねぎは2cm長さに切り、クコの実は水に10分ほど浸けて戻す。松の実はフライパンで軽く煎る。

5 **3**を器に盛り、**4**を散らし、糸唐辛子をのせる。

鶏肉と香味野菜、なつめ、調味料を内鍋に入れる。

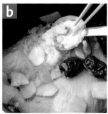

汁にとろみをつけるため、ご飯を加えるのがコツ。

おもてなしにも向く
フランス風鶏のクリーム煮です。
最後の調味でぐっとおいしさアップ。

鶏ときのこのフリカッセ

炒める ▶

圧力調理
8分
終了まで約48分

材料(2人分)

鶏もも肉…1枚(300g)
塩、こしょう、小麦粉…各適量
玉ねぎ…¼個
マッシュルーム…2個
しめじ…¼パック
A
│洋風スープの素(顆粒)…小さじ½
│塩、こしょう…各少々
│水…½カップ

ローリエ…1枚
生クリーム…¼カップ
粒マスタード…小さじ2
サラダ油…大さじ1
バター…小さじ1
イタリアンパセリ…少々

作り方

1　鶏肉は半分に切って皮をフォークで刺し、塩、こしょう各少々をふり、小麦粉を薄くまぶす。

2　玉ねぎは1cm幅に切り、マッシュルームは縦半分に切り、しめじはほぐす。

3　圧力鍋の内鍋にサラダ油を入れて**鍋モード**の強火にし、鶏肉の両面を焼く。薄く焼き色がついたら取り出す。

4　**3**にバターと**2**を入れて炒め、全体に油が回ったら鶏肉をのせる。混ぜ合わせたAを加え(写真**a**)、ローリエをのせ、ふたを閉めて**8分圧力調理**する。

5　生クリームと粒マスタードを加えて溶かし(写真**b**)、器に盛ってパセリを飾る。

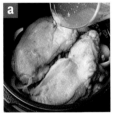

きのこに鶏肉をのせ、鶏のうまみをしみ込ませる。

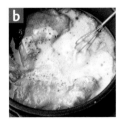

生クリームと粒マスタードを混ぜてコクを出す。

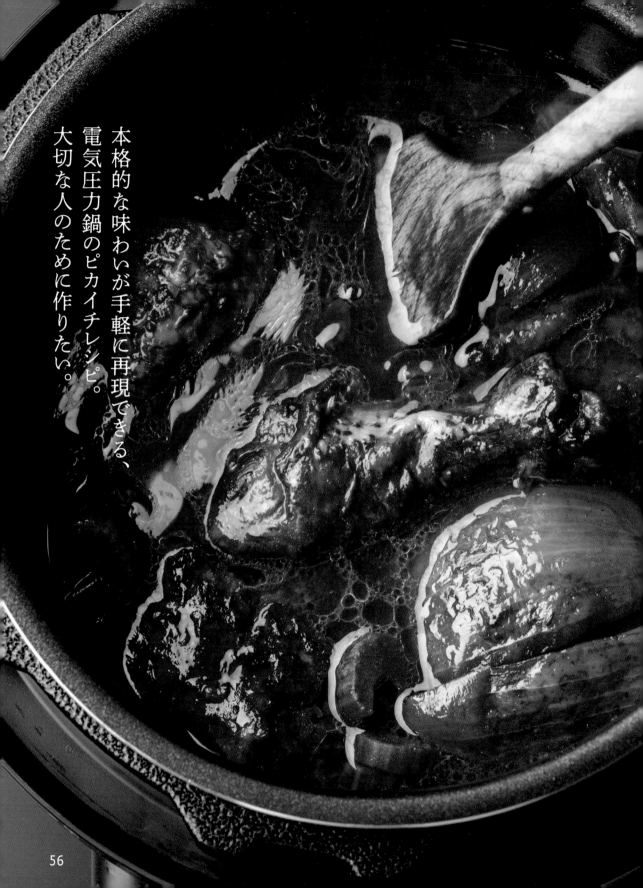

本格的な味わいが手軽に再現できる、
電気圧力鍋のピカイチレシピ。
大切な人のために作りたい。

鶏の赤ワイン煮

炒める ▶ 圧力調理 15分 ▶ 煮詰める
終了まで約55分

材料(2人分)

鶏もも肉(骨つき)…2本
塩、こしょう、小麦粉…各適量
玉ねぎ…1個
セロリ…1本
にんにく…1かけ
A
　赤ワイン…1と½カップ
　洋風スープの素(顆粒)…小さじ2
　塩…小さじ½
　こしょう…少々

サラダ油…大さじ2
バター…大さじ1

作り方

1　鶏肉は関節のところで半分に切り、皮をフォークで刺し、塩、こしょうをふり、小麦粉をしっかりまぶす。

2　玉ねぎは4つ割りにし、セロリは1cm厚さの小口切りにし、にんにくはつぶす。

3　圧力鍋の内鍋にサラダ油大さじ1を入れて鍋モードの強火にし、鶏肉に焼き色をつけ、取り出す。

4　3に残りのサラダ油を足して2を軽く炒めたら、鶏肉を戻し、混ぜ合わせたAを加える(写真a)。アルミホイルで落としぶたをし、ふたを閉めて15分圧力調理する。

5　鍋モードの強めの中火にして5～6分煮詰め、最後にバターを加える(写真b)。

memo
骨つきの鶏肉は、頼むと精肉店やスーパーで切ってくれる。

水を加えず、水分は赤ワインだけで煮る。

仕上げにバターを溶かし、香りとコクをつける。

チキンクリームシチュー

ルウを使わずに手作りするレシピ。乳製品がシチューの味わいを深めます。

材料(2人分)

鶏もも肉…1枚(300g)

塩、こしょう…各少々

小麦粉…大さじ1と½

ベーコン…2枚

玉ねぎ…1個

にんじん…½本

じゃがいも…2個

バター…大さじ2

A
　塩…小さじ½
　こしょう…少々
　水…1と½カップ

B
　生クリーム…½カップ
　粉チーズ…大さじ1

作り方

1　鶏肉は3〜4cm角に切り、塩、こしょうをふり、小麦粉大さじ½をまぶす。

2　ベーコンは2cm幅に切る。玉ねぎはくし形切り、にんじんは乱切り、じゃがいもは4等分に切る。

3　圧力鍋の内鍋にバター大さじ1を入れて**鍋モード**の強火にし、鶏肉を炒める。色が変わったら取り出し、残りのバターを加えて**2**を炒め、残りの小麦粉をふる。

4　**3**にAを加えてふたを閉め、**3分圧力調理**し、終了したらさらにそのまま10分おく。

5　**4**にBを加えて混ぜ、器に盛り、あればパセリのみじん切りを飾る。

砂肝のねぎ塩あえ

圧力調理
10分
終了まで約50分

材料(2〜3人分)

砂肝…250g

しょうが…1かけ

長ねぎ…8cm

A

　酒…大さじ2

　塩…小さじ½

　水…½カップ

B

　ごま油…大さじ2

　しょうゆ…大さじ1

　塩、ラー油…各少々

作り方

1　しょうがは薄切りにする。

2　圧力鍋の内鍋に砂肝、**1**、A
を入れ(写真**a**)、アルミホイルで
落としぶたをし、ふたを閉めて
<u>10分圧力調理</u>する。

3　砂肝を水洗いして水けをき
り、薄切りにする。長ねぎは縦に
切り目を入れて芯を除き、縦に細
切りにする。

4　ボウルにBを入れて混ぜ、**3**
をあえる。

臭み消しにしょうがをた
っぷり加える。

コリコリして硬い
あの砂肝が
こんなにやわらかく
なるなんて!

ゆで牛すじ

材料(作りやすい分量)

牛すじ肉…500g

長ねぎの青い部分…1本分

しょうが(薄切り)…1かけ分

酒…½カップ

水…2カップ

下ゆで不要のお手軽レシピ！
硬い牛すじ肉も圧力調理すれば、
プルプルのやわらかさに。

60

作り方

1 牛すじは大きなものは食べやすく切る。

2 圧力鍋の内鍋に牛すじ、長ねぎ、しょうがを入れ、酒と水を加える(写真a)。ふたを閉めて<u>40分圧力調理</u>し、終了したらさらにそのまま20分おく。

3 完全に冷めたら、汁ごと保存容器に移して冷蔵庫に入れる。脂が気になるときは固まった脂を取り除く(写真b)。そのまま食べる場合は冷蔵で1日、加熱するときは冷蔵で2〜3日間を目安に使いきる。汁はスープに利用できる。

牛すじに香味野菜、酒と水を加えて圧力調理する。

冷やすと大部分の脂が簡単に除けるのでお試しを。

ゆで牛すじを Arrange ① # 牛すじと小松菜のゆずあえ

青菜と合わせてポン酢しょうゆであえます。ゆずの香りでさらにさっぱりと。

材料(2〜3人分)

ゆで牛すじ…100g

小松菜…3株

塩…少々

A
 ゆずの皮(せん切り)…½個分
 ポン酢しょうゆ…大さじ1
 ごま油…大さじ1

ゆずの皮(せん切り)…適量

作り方

1 牛すじはひと口大に切る。小松菜は塩を加えた熱湯でさっとゆで、3〜4cm長さに切る。

2 ボウルにAを入れて混ぜ、1を加えてあえる。

3 器に盛り、ゆずの皮を散らす。

ゆで牛すじを Arrange ❷ ## 牛すじの甘辛煮

圧力調理
10分

▶ 煮詰める

終了まで約50分

もう一回、圧力調理してしっかり味に。おつまみの定番、そして最強のご飯のおとも。

材料(2〜3人分)

ゆで牛すじ(→p.60)…150g

つきこんにゃく…100g

A
| 酒…大さじ3
| しょうゆ…大さじ2
| みりん…大さじ2
| 砂糖…大さじ2
| 水…大さじ3

長ねぎ…適量

作り方

1　牛すじはひと口大に切る。こんにゃくは1〜2分ゆでて湯をきり、ざく切りにする。

2　圧力鍋の内鍋に1を入れ、混ぜ合わせたAを回しかけ、ふたを閉めて**10分圧力調理**する。

3　**鍋モード**の強めの中火にして7〜8分煮詰める。

4　粗熱が取れたら器に盛り、小口切りにした長ねぎを天盛りにする。

ゆで牛すじを Arrange ❸ # 牛すじスープ

圧力調理
5分
終了まで約45分

うまみたっぷりのゆで汁もむだなく使って食べごたえのあるスープに。

材料(2人分)
ゆで牛すじ(→p.60)…100g
大根…2cm
しょうが…½かけ
A
　ゆで牛すじの煮汁
　　(脂を除いたもの)…2カップ
　塩…小さじ½
　粗びき黒こしょう…少々

長ねぎ…6cm

作り方
1　牛すじはひと口大に切る。
2　大根は薄いいちょう切りにし、しょうがは薄切りにする。
3　圧力鍋の内鍋に牛すじ、2を入れてAを加え、ふたを閉めて<u>5分圧力調理</u>する。
4　斜め薄切りにした長ねぎを加え、器に盛る。

牛こま切れ肉にごぼうを加えて
やわらかく香りよく仕上げます。
アレンジもできる便利なおかず。

64

牛しぐれ煮

圧力調理
3分

煮詰める

終了まで約43分

材料(作りやすい分量)

牛こま切れ肉…300g

ごぼう…½本

しょうが…1かけ

A
  酒…大さじ3
  しょうゆ…大さじ2
  みりん…大さじ2
  砂糖…大さじ1

七味唐辛子…少々

作り方

1　牛肉は大きなものは4〜5cm長さに切る。

2　ごぼうは厚めのささがきにし、水にさらし、水けをきる。しょうがは薄切りにする。

3　圧力鍋の内鍋に牛肉、**2**を入れ、混ぜ合わせたAを回しかけ、軽く肉をほぐす(写真**a**)。

4　ふたを閉めて**3分**圧力調理する。終了したら、鍋モードの強めの中火にし、肉をほぐしながら2〜3分煮て汁けを飛ばす(写真**b**)。

5　器に盛り、七味唐辛子をふる。

memo

ご飯にのせたり、お弁当に詰めたり、卵でとじて丼にしたり、豆腐と一緒にすき煮にしたり、幅広く使える。

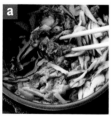

調味料を加えたら、全体を混ぜてから調理する。

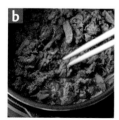

肉をほぐしながら汁けを飛ばして煮詰める。

食べごたえのある厚切り肉で作る
とびきり美味な"ハヤシライス"。
デミグラスは圧力調理後に加えます。

ハッシュドビーフ

材料（2人分）

牛もも肉（ブロック）…200g

塩、こしょう…各少々

小麦粉…小さじ2

玉ねぎ…1個

マッシュルーム…4個

赤ワイン…¼カップ

A
| 水煮トマト（カット）…½カップ
| 水…¼カップ
| 塩…小さじ½

デミグラスソース…1カップ

サラダ油…大さじ2

作り方

1　牛肉は1cm角の棒状に切り、塩、こしょうをふり、小麦粉をまぶす。

2　玉ねぎは1cm幅に切り、マッシュルームは薄切りにする。

3　圧力鍋の内鍋にサラダ油大さじ1を入れて<u>鍋モード</u>の強火にし、牛肉を炒める。色が変わったら取り出し、残りのサラダ油を足して**2**を炒め、ワインを加える。

4　煮立ったら牛肉を戻し、混ぜ合わせたAを加え（写真**a**）、ふたを閉めて**10分圧力調理**する。

5　終了したらデミグラスソースを加え（写真**b**）、<u>鍋モード</u>の強めの中火にして2〜3分煮詰める。

memo

生クリームをかけ、バターライスを添えても。

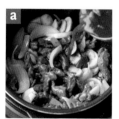

ワインのアルコール分を
飛ばしてから調味料を。

とろみのあるデミグラス
ソースは加圧後に加える。

電気圧力鍋にできること

手動メニューを使いこなせば、
電気圧力鍋にできることはまだまだあります。
取扱説明書や付属のレシピブックをじっくり読んで、
チャレンジしてみませんか。
●ここで紹介しているレシピと機能は
この本で使用している機種
(アイリスオーヤマ　KPC-MA2)に対応しています。

① 圧力調理で乾物を戻す

乾物の中でも戻すのに時間がかかるのが、干ししいたけ。できればひと晩、通常で2〜3時間かけてゆっくり戻すのがよいといわれますが、圧力調理なら1分。しいたけは十分にやわらかくなり、うまみの濃い戻し汁はいろいろな料理に使えます。

材料と作り方
圧力鍋の内鍋に干ししいたけ6枚、水1カップを入れ、ふたを閉めて1分圧力調理する。終了したら、そのまま冷めるまでおく。

② 低温・発酵調理でヨーグルトを作る

牛乳(成分無調整)にタネとなる市販ヨーグルトを混ぜて発酵調理をすると、自家製ヨーグルトが作れます。30〜70℃の温度設定ができる機種なら、ヨーグルトのほかに、甘酒や塩麹を作ったり、パン生地の発酵をすることができます。

③ 温度調理でチキンハムを作る

70〜100℃の温度設定ができる機種なら、チキンハムやローストビーフを低温調理で作ることができます。肉に塩などをすり込んで密閉袋に入れ、湯せんの状態にして調理します。

3章

魚介料理

手作りツナからブイヤベース、
煮魚まで、圧力調理だからできる
海の恵みのごちそうです。

ノンオイルツナ

圧力調理
1分

終了まで約41分

材料（作りやすい分量）

まぐろ(赤身)…1さく(350g)

水…1カップ

セロリの葉…1本分

ローリエ…2枚

A

　塩…小さじ1

　黒粒こしょう(つぶすか刻む)…3粒分

　洋風スープの素(顆粒)…小さじ1

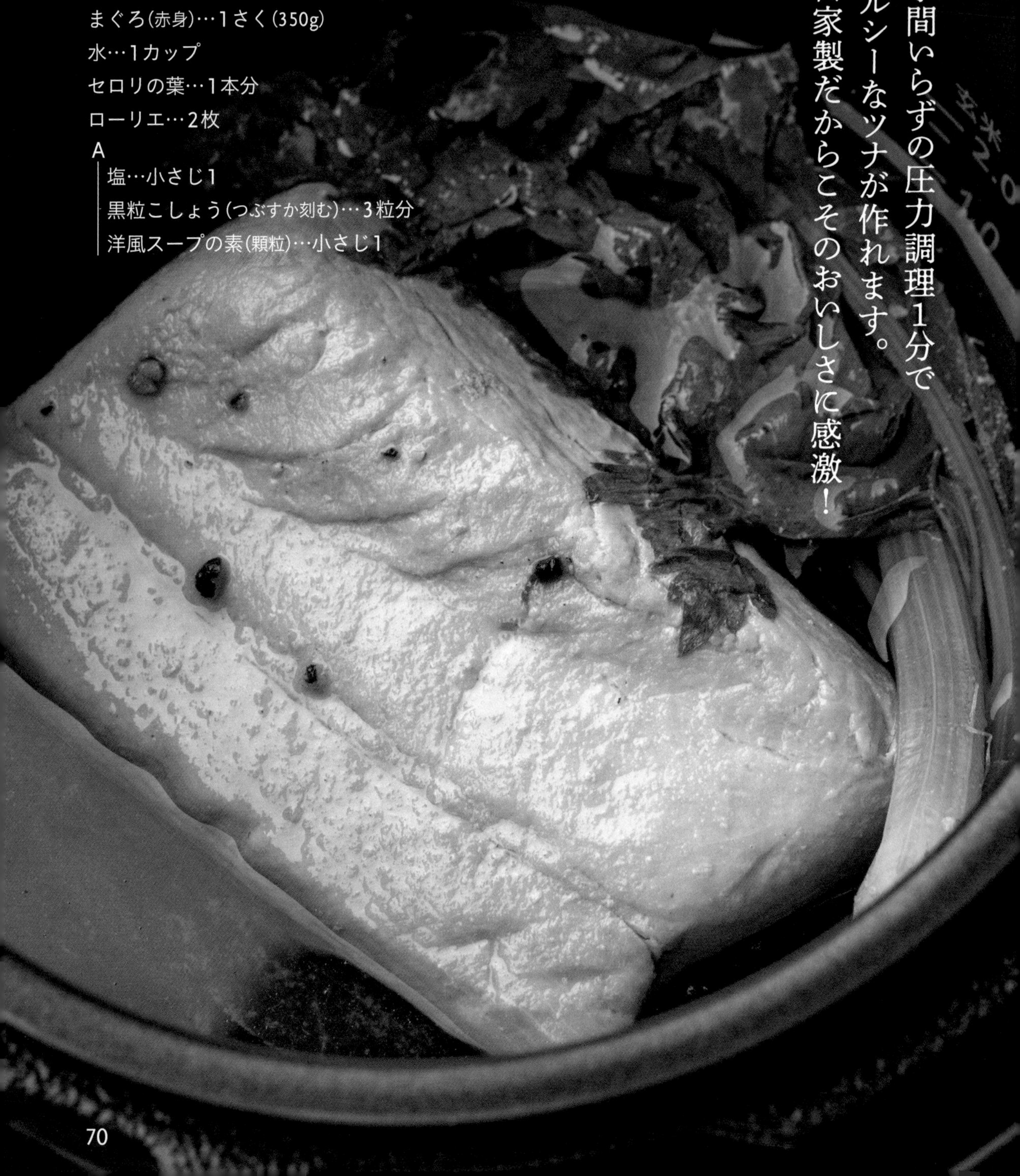

手間いらずの圧力調理1分で
ヘルシーなツナが作れます。
自家製だからこそのおいしさに感激！

70

作り方

1 圧力鍋の内鍋にまぐろ、分量の水、セロリの葉、ローリエを入れ、Aを加える（写真a）。

2 アルミホイルで落としぶたをし、ふたを閉めて**1分圧力調理**する。終了したらさらにそのまま30分おく。

3 ふたを取って完全に冷まし（写真b）、汁ごと保存容器に移して冷蔵庫に入れる。汁に浸けたまま、冷蔵で2〜3日間を目安に使いきる。汁はたれやスープに利用できる。

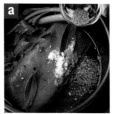

水分はこれくらいでOK。
蒸すようにゆでる。

圧力調理後30分したら、
ふたを取って冷ます。

ノンオイルツナを Arrange ① ツナのカプレーゼ

手作りツナは食べごたえがあって美味！　パンを添えればメインディッシュになります。

材料（2〜3人分）

ノンオイルツナ…100g
モッツァレラチーズ…1パック
トマト…1個

バジルソース
| バジルペースト…大さじ1
| オリーブ油…大さじ2

バジル…少々

作り方

1 ツナ、モッツァレラ、トマトは7〜8mm厚さに切る。

2 器に盛り合わせ、バジルソースの材料を混ぜ合わせてかけ、バジルを飾る。

ノンオイルツナを Arrange ② ツナと豆腐の海藻あえ

ツナはざっくり大きく割って。たんぱく質がしっかりとれるヘルシーな一品です。

材料(2〜3人分)

ノンオイルツナ(→p.70)…100g
もめん豆腐…¼丁
海藻ミックス…10g
玉ねぎ…¼個
A
 ┃ しょうゆ…小さじ2
 ┃ 酢……小さじ2
 ┃ こしょう…少々
 ┃ サラダ油…大さじ2

作り方

1　ツナはざっと割る。海藻は水に浸けて戻し、水けをきる。

2　豆腐はキッチンペーパーに包んで4〜5分おき、ざっと割る。玉ねぎは薄切りにする。

3　ボウルにAと海藻を入れて混ぜ、ツナ、**2**を加えてあえる。

ノンオイルツナを Arrange ❸ ツナと青じそのスパゲッティ

角切りのツナでパスタをボリュームアップ。ツナを作りおきしたくなるメニューです。

材料(2人分)

ノンオイルツナ(→p.70)…100g

スパゲッティ…140g

青じそ…8枚

にんにく…1かけ

赤唐辛子…1本

塩…小さじ¼

オリーブ油…大さじ2

作り方

1　ツナは2〜3cm角に切る。青じそはみじん切りにし、にんにくは薄切りにする。赤唐辛子は小口切りにして種を除く。

2　塩(分量外)を加えた湯でスパゲッティをゆで始める。同時に、フライパンにオリーブ油、にんにく、赤唐辛子を入れて弱火にかける。香りが立ったらツナを加えて軽く炒め、火を止める。

3　ゆで上がったスパゲッティを2のフライパンに加え、ゆで湯大さじ1〜2も加えて混ぜる。塩で味をととのえ、青じそを加えてさっと混ぜる。

たった1分の圧力調理で
魚介の濃厚な味わいが
楽しめます。
ソースを添えてさらにリッチに。

74

ブイヤベース

材料（2〜3人分）

えび…大4尾

いか…1ぱい（200g）

あさり（砂抜きずみ）…150g

トマト…1個

玉ねぎ…¼個

セロリ…¼本

にんにく…½かけ

サフラン…ひとつまみ

ローリエ…2枚

オリーブ油…大さじ1

A

　塩…小さじ¼

　こしょう…少々

　白ワイン…¼カップ

　水…1カップ

ソース

　マヨネーズ…大さじ2

　粉チーズ…小さじ1

　おろしにんにく…少々

　パプリカパウダー…少々

作り方

1　えびは竹串を刺して背ワタを抜く。いかは内臓と軟骨を抜き、胴は輪切りに、足は数本ずつに切る。あさりは殻をこすり合わせて洗う。トマトは小さめの角切りにする。

2　玉ねぎ、セロリ、にんにくは粗みじんに切る。

3　圧力鍋の内鍋にオリーブ油を入れ、**鍋モード**の中火にして **2** を炒める（写真**a**）。油が回ったら **1**、サフラン、ローリエ、混ぜ合わせた A を加え（写真**b**）、ふたを閉めて**1分圧力調理**する。

4　器に盛り、ソースの材料を混ぜ合わせて添える。

オリーブ油で炒めた香味野菜が味のベースになる。

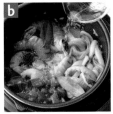

魚介とトマト、調味料に白ワインなどを加える。

骨ばなれがよくて食べやすい！
圧力調理だからピリ辛味が
よくしみて、ご飯によく合うのです。

さんまのコチュジャン煮

材料(2人分)

さんま…2尾(300g)

長ねぎ…½本

しょうが…1かけ

A
| コチュジャン…大さじ1
| 砂糖…大さじ2
| 酒……大さじ3
| しょうゆ…大さじ1
| 水…大さじ3

ごま油…小さじ1〜2

作り方

1 さんまは頭を落として5〜6cmの筒切りにし、割り箸で押して内臓を抜く。

2 長ねぎは3cm長さに切り、しょうがは薄切りにする。

3 圧力鍋の内鍋にさんま、**2**を入れ、混ぜ合わせたAを加える(写真**a**)。アルミホイルで落としぶたをし、ふたを閉めて<u>4分圧力調理</u>し、終了したらさらにそのまま15分おく。

4 <u>鍋モード</u>の強めの中火にして4〜5分煮詰め、最後にごま油をたらす(写真**b**)。

さんまは重ならないように並べ、調味料を加える。

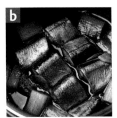

仕上げにごま油を加えるとつやが出て風味もよい。

いかと里芋のしっかり煮

圧力調理を
しっかり10分。
いかも里いもも昆布も
味がしみてやわらか。

材料（2〜3人分）

いか…1ぱい（200g）
里いも…4個（160g）
刻み昆布…20g
しょうが…1かけ
A
　酒…大さじ1
　みりん…大さじ1
　しょうゆ…大さじ2
　砂糖…大さじ1
　水…1カップ

作り方

1　いかは内臓と軟骨を抜き、胴は輪切りに、足は数本ずつに切る。里いもは皮をむき、塩（材料外）をまぶして洗い、半分に切る。

2　刻み昆布ははさみでざく切りにし、しょうがはせん切りにする。

3　圧力鍋の内鍋に**1**、**2**を入れ、混ぜ合わせた**A**を加える（写真**a**）。アルミホイルで落としぶたをし、ふたを閉めて<u>10分圧力調理</u>し、終了したらさらにそのまま10分おく。

4　鍋モードの強めの中火にし、汁が半量になるまで煮詰める。

味の出る昆布を上にのせて調味料を加える。

かれいの煮つけ

材料(2人分)

かれい…2切れ(100g)

しょうが(せん切り)…1かけ分

しし唐辛子…4本

ゆずの皮(せん切り)…少々

A

|　酒…大さじ2

|　しょうゆ…大さじ1と½

|　砂糖…小さじ2

|　水…大さじ2

作り方

1　圧力鍋の内鍋にかれい、しょうが、しし唐辛子を入れ、混ぜ合わせたAを加える。

2　アルミホイルで落としぶたをし(写真a)、ふたを閉めて**1分圧力調理**する。

3　器に盛り、ゆずの皮を天盛りにする。

memo

落としぶたが魚に密着すると皮がはがれやすいので注意する。

落としぶたは魚につけないように少し浮かせる。

魚の煮つけは
電気圧力鍋の得意技。
おまかせ調理で
文句なしのできばえ!

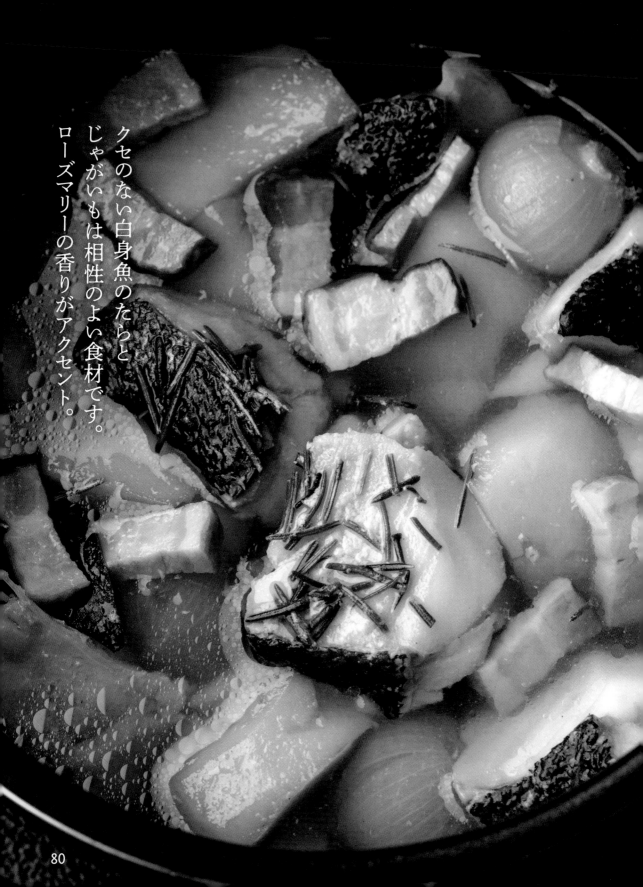

クセのない白身魚のたらと
じゃがいもは相性のよい食材です。
ローズマリーの香りがアクセント。

たらとじゃがいものフレンチ煮

圧力調理
1分

終了まで約41分

材料(2〜3人分)

生だら…2切れ(160g)

ベーコン(厚切り)…50g

じゃがいも…2個

ペコロス…6個

ローズマリー(乾燥)…小さじ½

ローリエ…1枚

A

　洋風スープの素(顆粒)…小さじ1

　オリーブ油…小さじ1

　水…1カップ

作り方

1　たらは1切れを4つに切る。

2　ベーコンは拍子木切りにし、じゃがいもは4等分に切る。

3　圧力鍋の内鍋に**2**、ペコロスを入れ、その間にたらを入れる(写真**a**)。ローズマリー、ローリエ、混ぜ合わせたAを加える。

4　ふたを閉めて**1分圧力調理**し、終了したらさらにそのまま10分おく。

煮くずれないように、たらは野菜の間に詰める。

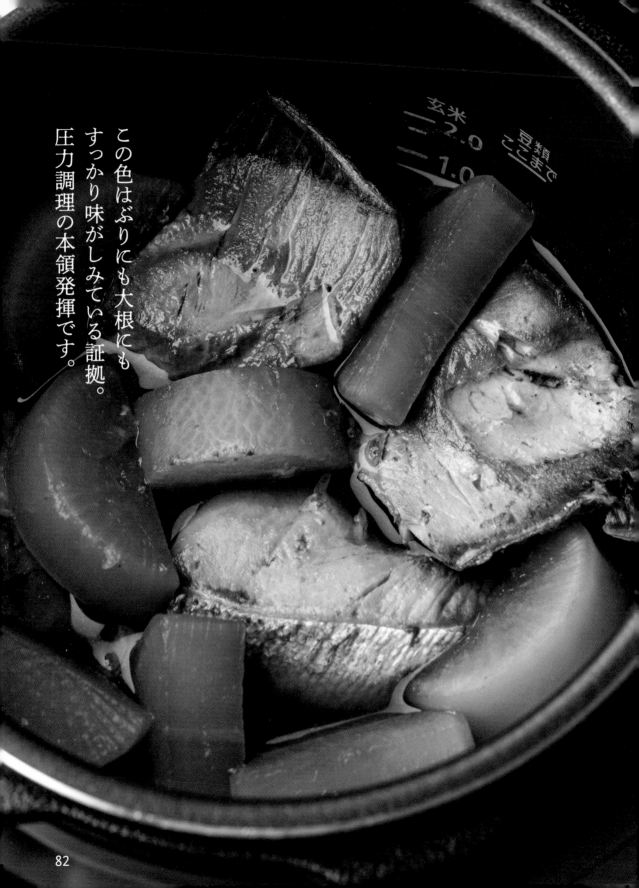

この色はぶりにも大根にもすっかり味がしみている証拠。圧力調理の本領発揮です。

ぶり大根

材料(2〜3人分)

ぶり…2切れ(200g)

大根…250g

A
- 酒…大さじ3
- しょうゆ…大さじ2
- みりん…大さじ2
- 砂糖…小さじ2
- 水…½カップ

作り方

1 ぶりは半分に切り、熱湯をかける。大根は2cm厚さの半月切りにする。

2 圧力鍋の内鍋に大根を並べてぶりをのせ(写真**a**)、混ぜ合わせたAを加える。アルミホイルで落としぶたをし、ふたを閉めて**7分圧力調理**し、終了したらさらにそのまま20分おく。

3 上下を返し、**鍋モード**の強めの中火にし、汁が半量になるまで煮詰める(写真**b**)。

火が通りにくい大根を底に入れ、ぶりをのせる。

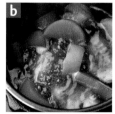

最後にぶりを下にして大根をのせ、煮詰める。

無水調理レシピ

調味料や材料の水分だけで作る無水調理は、圧力調理をしている間、水分がほとんど蒸発しない電気圧力鍋の得意技。素材が持つ風味とうまみが最大限に引き出されます。

アクアパッツァ

圧力調理 1分
終了まで約41分

圧力調理1分で魚介のうまみを引き出します。おいしいスープは余さずパンで召し上がれ。

材料(2人分)

鯛…2切れ(160g)
あさり(砂抜きずみ)…200g
にんにく…1かけ
ミニトマト…6個
A
　白ワイン…½カップ
　塩…小さじ¼
　こしょう…少々

作り方

1 鯛は皮に熱湯をかけ、あさりは殻をこすり合わせて洗う。にんにくはつぶす。

2 圧力鍋の内鍋に1とミニトマトを入れて平らにし、Aを加え、ふたを閉めて1分圧力調理する。

3 器に盛り、あればディルを飾る。

memo

鯛は骨がついた切り身にすると、だしが出ておいしい。

チキンのトマト煮込み

鍋まかせでこんなにおいしくなるなんて！　トマトのうまみがしみて濃厚な味わい。

圧力調理
6分
終了まで約46分

材料(2人分)

鶏もも肉…1枚(300g)

玉ねぎ…½個

にんにく…1かけ

しめじ…70g

A

　水煮トマト(カット)…1カップ

　白ワイン…¼カップ

　洋風スープの素(顆粒)…小さじ1

　塩…小さじ¼

　こしょう…少々

作り方

1　鶏肉は3〜4cm角に切る。

2　玉ねぎはくし形切りにし、しめじはほぐし、にんにくはみじん切りにする。

3　圧力鍋の内鍋に鶏肉、**2**を入れて混ぜ合わせた**A**を加え、ふたを閉めて**6分圧力調理**する。

4　器に盛り、あればバジルを飾る。

memo

調理後に、ゆでたショートパスタを少し加えるのもおすすめ。

キーマカレー

液体は水煮トマトだけ。野菜から出る水分でおいしく仕上がります。

炒める ▶

圧力調理
1分
終了まで約41分

材料（2〜3人分）

合いびき肉…200g

玉ねぎ…½個

にんじん…50g

セロリ…70g

しょうが…1かけ

にんにく…½かけ

カレールウ…30g

サラダ油…大さじ1

A
水煮トマト（カット）…1カップ
レーズン…大さじ1〜2

作り方

1　野菜はすべてみじん切りにする。

2　圧力鍋の内鍋にサラダ油を入れて鍋モードの中火にし、ひき肉を炒める。色が変わったら**1**を加え、油が回ったらAを加え、ふたを閉めて1分圧力調理する。

3　終了したら、刻んだルウを混ぜて溶かす。

4章

野菜料理

電気圧力鍋は野菜の持ち味を引き出し、風味豊かに仕上げるのが得意です。野菜をたくさん食べたい人におすすめ。

蒸しじゃが

圧力調理
8分

終了まで約48分

圧力をかけて蒸した
じゃがいもは
簡単に皮がむけて、
ホックホク。
蒸したてのおいしさは
格別です。

材料（作りやすい分量）

じゃがいも…3個
水…½カップ

作り方

1 じゃがいもは皮つきのままよく洗う。

2 圧力鍋の内鍋に分量の水を入れ、蒸し台や蒸しかごを置き(写真**a**)、じゃがいもをのせる(写真**b**)。

3 ふたを閉めて**8分圧力調理**し、終了したらさらにそのまま20分おく。

保存 粗熱が取れたら皮をむいてラップに包み、冷蔵保存する。そのまま食べるときは1〜2日間、加熱するときは2〜3日間を目安に使いきる。

memo

付属の蒸し台や蒸しかごがないときは、丼や耐熱性のざるを利用する。圧力調理時間はじゃがいもの個数に関係なく同じ。

内鍋に蒸すための水を入れ、蒸し台を入れる。

小さければ4個でもOK。調理時間は変わらない。

蒸しじゃがを Arrange ①

じゃがバター

蒸したてアツアツにバターをオン! 味のバリエーションでおいしさ倍増。

材料(2人分)

蒸しじゃが…3個

アンチョビバター
| バター…小さじ2
| アンチョビ(みじん切り)…少々
| おろしにんにく…少々

のりバター
| バター…小さじ2
| のりのつくだ煮…小さじ1

キムチバター
| バター…小さじ2
| 白菜キムチ(みじん切り)…大さじ1

作り方

蒸しじゃがに切り目を入れて皮をめくり、好みのものを添えたバターをのせる。

蒸しじゃがを Arrange ❷ ごろごろポテトサラダ

蒸しじゃがで作るといもの風味が濃厚で美味。熱いうちに下味をつけるのがコツです。

材料(2〜3人分)

蒸しじゃが(→p.88)…2個
きゅうり…1本
玉ねぎ…小¼個
ロースハム…2枚
塩、こしょう…各適量
A
│マヨネーズ…大さじ2
│マスタード…小さじ½

作り方

1　蒸しじゃがは熱いうちに皮をむいて粗くつぶし、塩、こしょう各少々で下味をつけ、冷ます。

2　きゅうりは小口切り、玉ねぎは薄切りにして合わせ、塩少々をふって15分おき、水けを絞る。ハムは短冊切りにする。

3　ボウルにAを入れて混ぜ、**1**、**2**を加えてあえる。

蒸しじゃがを Arrange ③ ## ポテトグラタン

ホワイトソースがいらないお手軽グラタン。生クリームとチーズで味わいリッチに。

材料(2人分)

蒸しじゃが(→p.88)…2個

玉ねぎ…¼個

ロースハム…2枚

A

　生クリーム…80㎖

　マヨネーズ…大さじ2

　ピザ用チーズ…50g

　おろしにんにく…少々

　洋風スープの素(顆粒)…少々

　塩、こしょう…各少々

作り方

1 蒸しじゃがは熱いうちに皮をむいて粗くつぶす。玉ねぎは薄切りにして、耐熱容器に入れ、電子レンジ(600W)に1分かける。ハムは短冊切りにする。

2 1をグラタン皿に入れ、混ぜ合わせたAをかけ、オーブントースターで焼き色がつくまで6〜7分焼く。

圧力調理によって
野菜の風味と水分が溶け合った
滋味あふれるひと皿。

ラタトゥイユ

材料(2人分)

玉ねぎ…½個

セロリ…½本

ズッキーニ…½本

パプリカ(黄)…¼個

にんにく…½かけ

A

　水煮トマト(カット)…1カップ

　洋風スープの素(顆粒)…小さじ2

　ローリエ…2枚

　塩……小さじ½

　こしょう…少々

オリーブ油…大さじ2

パルミジャーノ…適量

作り方

1　玉ねぎはくし形切りにし、セロリは小口切り、ズッキーニは輪切りにする。パプリカは乱切り、にんにくはみじん切りにする。

2　圧力鍋の内鍋ににんにくとオリーブ油を入れ、鍋モードの強めの中火にして炒める。にんにくが薄く色づいたら残りの**1**を加え、軽く炒める(写真**a**)。

3　**2**にAを加えて混ぜ合わせ(写真**b**)、ふたを閉めて**3分圧力調理**し、終了したら底から混ぜる。

4　器に盛り、パルミジャーノをおろしかける。

にんにくの香りを移した油で4種の野菜を炒める。

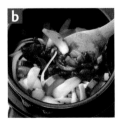

水煮トマトや調味料と混ぜ合わせてから圧力調理。

葉の間にひき肉を詰めて
スイッチオン。
味がよくしみるのに
煮くずれないのが
圧力調理のいいところ。

キャベツのファルシー

材料(2人分)

キャベツ…小¼個

A

　合いびき肉…120g

　溶き卵…½個分

　玉ねぎ(みじん切り)…大さじ3

　パン粉…大さじ2

　酒…大さじ1

　塩、こしょう…各少々

B

　水煮トマト(カット)…1カップ

　洋風スープの素(顆粒)…小さじ1

　塩…小さじ¼

　こしょう…少々

作り方

1　Aはよく練り合わせる。

2　キャベツを縦半分に切り、葉の間に**1**をはさむ。

3　圧力鍋の内鍋に**2**を入れ(写真**a**)、混ぜ合わせた Bを加える(写真**b**)。ふたを閉めて**3分圧力調理**し、終了したらさらにそのまま10分おく。

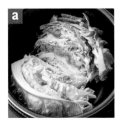

ひき肉をはさんだキャベツを鍋にギュッと詰める。

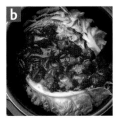

肉のところにトマトと調味料をかけて圧力調理。

野菜に牛バラ肉をのせて圧力調理。
肉のうまみがしたたり、
ぐっとおいしくなります。

肉じゃが

材料(2人分)

じゃがいも…2個
玉ねぎ…½個
にんじん…½本
牛バラ肉(薄切り)…150g
A
  酒…大さじ2
  しょうゆ…大さじ2
  みりん…大さじ1
  砂糖…大さじ1
  水…大さじ3

作り方

1　牛肉は2〜3cm長さに切る。

2　じゃがいもは半分に切り、玉ねぎはくし形切りにし、にんじんは乱切りにする。

3　圧力鍋の内鍋に**2**を入れて牛肉をのせ、混ぜ合わせたAを回しかける(写真a)。ふたを閉めて**10分圧力調理**し、終了したらさらにそのまま10分おく。

4　**鍋モード**の強めの中火にし、汁が半量になるまで煮詰める。

牛肉は野菜の上にのせ、蒸すように火を通す。

たった1分の圧力調理で
丸のなすがトロリとやわらかく。
ご飯をお代わりしたくなるおかずです。

なすと豚肉の煮びたし

炒める ▶ 圧力調理 **1分** 終了まで約41分

材料（2～3人分）
なす…4本
豚バラ肉（薄切り）…100g
ピーマン…2個
A
　酒…大さじ3
　しょうゆ…大さじ2
　砂糖…大さじ1
　だし汁…½カップ

サラダ油…大さじ1

作り方

1　豚肉は5cm長さに切る。

2　なすはヘタを切り落とし、皮に浅い切り目を縦に6～7本入れる（上下は切り離さない）。ピーマンは縦半分に切る。

3　圧力鍋の内鍋にサラダ油を入れ、<u>鍋モード</u>の強火にして豚肉を炒め（写真**a**）、色が変わったら取り出す。なすを入れて転がして炒めたら、豚肉を戻してピーマンを加える。

4　混ぜ合わせた A を加え（写真**b**）、アルミホイルで落としぶたをし、ふたを閉めて**1分圧力調理**する。

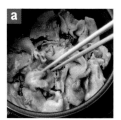

最初に豚肉を炒めて、肉の脂を引き出す。

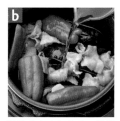

豚肉をなすにのせ、最後に調味料を加える。

白菜のトロトロ煮

帆立の缶汁も使って
おいしく仕上げます。

なめらかな口当たりと
やさしい味。

材料(2〜3人分)

白菜…300g

帆立貝柱(缶詰)…1缶(70g)

A
　鶏がらスープの素(顆粒)…小さじ1
　塩……小さじ¼
　こしょう……少々

水溶き片栗粉…適量

ごま油…小さじ1〜2

作り方

1　白菜は軸と葉に分け、軸は5cm長さの棒状に切り、葉は5cm長さのざく切りにする。

2　貝柱はざっとほぐし、汁は水を足して大さじ4にする。

3　圧力鍋の内鍋に白菜の軸、葉、貝柱の順に入れ(写真**a**)、Aを加え、**2**の汁を加える。ふたを閉めて**2分圧力調理**する。

4　終了したら、水溶き片栗粉を加えてとろみをつけ、器に盛ってごま油をたらす。

軸と葉の切り方を変えて、煮上がりを均一にする。

丸ごと玉ねぎのスープ煮

圧力調理
3分

終了まで約43分

材料(2人分)

玉ねぎ…小2個(240g)

ローリエ…2枚

水…1カップ

A
- 洋風スープの素(顆粒)…小さじ1
- 塩…小さじ¼
- こしょう…少々

作り方

1 玉ねぎは天地を少し切り落とし、上半分に十字の切れ込みを入れる。

2 圧力鍋の内鍋に玉ねぎを入れ、ローリエ、水、Aを加える(写真**a**)。アルミホイルで落としぶたをし、ふたを閉めて**3分圧力調理**する。

少ない水分で圧力調理すると、玉ねぎの風味が濃くなって美味。

蒸し煮のような少ない水分で圧力調理する。

レモンとベーコンを上にのせて
圧力調理し、その風味を
さつまいもに移します。

さつまいものレモン煮

材料(2〜3人分)

さつまいも…200g

レモン…½個

玉ねぎ…¼個

ベーコン…2枚

A

| 洋風スープの素(顆粒)…小さじ1

| 塩…小さじ¼

| こしょう…少々

| 水…½カップ

作り方

1　さつまいもは皮つきのままよく洗い、2cm厚さの半月切りにする。レモンは薄い半月切りにし、玉ねぎはくし形切りにする。ベーコンは2〜3cm長さに切る。

2　圧力鍋の内鍋にさつまいもと玉ねぎを入れ、ベーコンとレモンをのせ、混ぜ合わせたAを加える(写真a)。

3　アルミホイルで落としぶたをし、ふたを閉めて**2分圧力調理**する。

味と香りが出るレモンと
ベーコンをのせて煮る。

かぼちゃのココナッツミルク煮

圧力調理
1分

終了まで約41分

ココナッツミルクとナンプラーで
かぼちゃをエスニック風に。
わが家の定番になるかも?!

材料(2〜3人分)

かぼちゃ…350g

ココナッツフレーク(あれば)…適量

A
　おろしにんにく…½かけ分
　ココナッツミルク…1カップ
　ナンプラー…大さじ1
　塩、こしょう…各少々

作り方

1 かぼちゃは3〜4cm角に切る。

2 圧力鍋の内鍋にかぼちゃを入れ、混ぜ合わせたAを加える(写真**a**)。アルミホイルで落としぶたをし、ふたを閉めて**1分圧力調理**する。

3 器に盛り、ココナッツフレークをかける。

ナンプラーなどを加えた
ココナッツミルクを注ぐ。

長いもとひき肉の煮もの

圧力調理
5分
終了まで約45分

材料(2〜3人分)

長いも…100g

長ねぎ…½本

豚ひき肉…80g

A
　だし汁…½カップ
　しょうゆ…大さじ2
　酒…大さじ2
　砂糖…大さじ1

作り方

1　長いもは大きめの乱切りにする。長ねぎは3〜4cm長さに切る。

2　ひき肉とAを混ぜ合わせる。

3　圧力鍋の内鍋に**1**を入れて**2**を加え(写真a)、ふたを閉めて**5分圧力調理**する。

4　終了したらふたを取り、ひき肉をほぐして上下を返し、そのまま冷ます。

加熱すると長いもはホックホクに。いったん冷ますと、肉のうまみがしみ込みます。

ひき肉と調味料を混ぜてから加えるのがコツ。

ごぼうとベーコンの風味がきいた
ひと味違うミネストローネ。
具だくさんでボリューム満点。

根菜ミネストローネ

炒める ▶ 圧力調理 5分
終了まで約45分

材料(3〜4人分)

ベーコン(厚切り)…80g

じゃがいも…1個

玉ねぎ…½個

にんじん…60g

ごぼう…50g

にんにく…½かけ

A

　水煮トマト(カット)…1カップ

　洋風スープの素(顆粒)…小さじ2

　塩…小さじ½

　こしょう…少々

　水…1と½カップ

オリーブ油…大さじ1

バジル…適量

作り方

1　ベーコンは1cm角に切る。じゃがいもと玉ねぎは2cm角、にんじんとごぼうは1cm角に切る。にんにくはみじん切りにする。

2　圧力鍋の内鍋にオリーブ油とにんにく、ベーコンを入れ、**鍋モード**の強火にして炒める。香りが立ったら、残りの野菜を加えてさっと炒める(写真**a**)。

3　混ぜ合わせた A を加え(写真**b**)、ふたを閉めて**5分圧力調理**する。

4　器に盛り、バシルをちぎって散らす。

にんにくとオリーブ油で
すべての具を炒める。

トマトと調味料、水を加
えて5分圧力調理する。

圧力調理は干ししいたけなど、
乾物に味を含ませるのもお手のもの。
2分で芯までしっかり煮含めます。

干ししいたけとたけのこのうま煮

材料(2〜3人分)

干ししいたけ…4枚
ゆでたけのこ…100g
万願寺唐辛子…3本
A
| しょうゆ…大さじ2
| みりん…大さじ2
| 酒…大さじ1
| 砂糖…大さじ1
削り節…適量

作り方

1　干ししいたけは水½カップに10分ほど浸け、半分に切る。

2　1の戻し汁にAを混ぜる。

3　たけのこは乱切りにし、万願寺唐辛子は斜めに3等分に切る。

4　圧力鍋の内鍋にしいたけと**3**を入れて**2**を加え(写真**a**)、ふたを閉めて**2分圧力調理**する。

5　器に盛り、空いりしてもんだ削り節をかける。

しいたけの戻し汁のうまみを生かす。

デザートレシピ

電気圧力鍋でデザートを作りませんか。
鍋まかせで作ったら、冷蔵庫でスタンバイ。
食後のひとときやおやつタイムがより豊かな時間になります。

オレンジのコンポート

とろけるようなオレンジ、ふっくら煮えたレーズン。シナモンの香りで気分をリフレッシュ。

圧力調理
3分

終了まで約43分

材料(作りやすい分量)
オレンジ…2個
レーズン…20g
シナモンスティック…1本
砂糖…大さじ4
白ワイン…大さじ2
水…大さじ4

作り方

1　オレンジは皮をむいて3〜4等分の輪切りにする。

2　圧力鍋の内鍋に**1**と残りの材料を入れ、ふたを閉めて
3分圧力調理し、終了したらさらにそのまま10分おく。

ドライフルーツのシロップ煮

圧力調理
5分

終了まで約45分

圧力調理したいちじくのやわらかさにびっくり。アイスクリームに添えるのもおすすめ。

材料（2〜3人分）
干しあんず…100g
プルーン…4個
レーズン…30g
干しいちじく…2個
砂糖…40g
白ワイン…大さじ2
水…⅔カップ

作り方
1 圧力鍋の内鍋に材料をすべて入れ、ふたを閉めて<u>5分</u>
<u>圧力調理</u>する。
2 終了したらさらにそのまま10分おき、ふたを取って
冷ます。

白きくらげのトロトロ煮

漢方食材でもある白きくらげをおいしいデザートに。
短時間でトロトロになるのは電気圧力鍋だから。

圧力調理
6分

終了まで約46分

材料(作りやすい分量)

白きくらげ(乾燥)…10g

クコの実…大さじ1

A
┃ 砂糖…50g
┃ 塩…少々
┃ 水…1カップ

作り方

1　白きくらげは水に30分浸けて戻し、よく洗う。クコの実も水に10分ほど浸けて戻す。

2　圧力鍋の内鍋に白きくらげとAを入れ、ふたを閉めて**6分圧力調理**し、終了したらさらにそのまま10分おく。

3　器に盛り、クコの実を飾る。

5章

豆・米の料理

画期的な「浸水なし」のゆで大豆から
お赤飯、シンガポールチキンライスまで、
豆・米料理のレパートリーが広がります。

ゆで大豆

材料(作りやすい分量)

大豆(乾燥)…150g

水…2と½カップ

ひと晩水に浸す必要なし！
思いついたら圧力調理6分で、
おいしいゆで大豆が食べられます。

114

作り方

1 大豆はさっと洗って水けをきる。

2 圧力鍋の内鍋に大豆と分量の水を入れ(写真a)、ふたを閉めて<u>6分圧力調理</u>する。終了したらさらにそのまま1時間おく。

3 完全に冷まし、汁ごと保存容器に移して冷蔵庫に入れる。汁に浸けたまま、冷蔵で2〜3日間を目安に使いきる。

memo

みそ作りに使うような指ですぐつぶせるやわらかさではなく、豆らしい食感が楽しめるやや固めのゆで上がり。

乾燥した豆にじかに水を加えて圧力調理できる。

ゆで大豆 Arrange ❶ # 大豆のパセリマリネ

朝食やランチに添えたい一品。パセリが大豆の味わいを引き立てます。

材料(3〜4人分)

ゆで大豆…1カップ

きゅうり…½本

パプリカ(黄)…¼個

にんじん…30g

A
| パセリ(みじん切り)…大さじ½
| 酢…小さじ2
| 塩…小さじ¾
| こしょう、砂糖…各少々
| オリーブ油…大さじ2

作り方

1 きゅうり、パプリカ、にんじんは1cm角に切り、にんじんはさっとゆでる。

2 ボウルでAを混ぜ合わせ、ゆで大豆と1をあえ、冷蔵庫で冷やす。

大豆も野菜と一緒に圧力調理し、しっかり味をしみ込ませます。

圧力調理
4分

終了まで約44分

材料(2〜3人分)

ゆで大豆(→p.114)…1カップ

昆布(6×6cm)…1枚

にんじん…50g

ごぼう…40g

こんにゃく(アク抜きずみ)…¼枚

だし汁…適量

A

酒…大さじ3

しょうゆ…大さじ1と½

みりん、砂糖…各大さじ2

作り方

1 昆布はひたひたの水に5〜6分浸けて戻し、1cm四方に切る。戻し汁にだし汁を足して¾カップにする。

2 にんじん、ごぼう、こんにゃくは1cm角に切る。

3 圧力鍋の内鍋に**1**、**2**、ゆで大豆、混ぜ合わせたAを入れ、アルミホイルで落としぶたをし、ふたを閉めて**4分圧力調理**する。終了したら、ふたを開けて冷ます。

ゆで大豆 Arrange 3 ## 大豆と野菜の辛み炒め

中華風のこっくりした甘辛味。ご飯にもお酒にもマッチします。

材料(2〜3人分)

ゆで大豆(→p.114)…1カップ
玉ねぎ…¼個
パプリカ(赤)…⅛個
ヤングコーン(缶またはドライパック)…4本
A
  トウバンジャン…小さじ1
  テンメンジャン…小さじ1
  砂糖、しょうゆ、みりん…各小さじ1
ごま油…小さじ2

作り方

1 玉ねぎは1〜2cm角に切り、パプリカは1cm角に切る。ヤングコーンは長さを4等分する。

2 フライパンにごま油を中火で熱し、玉ねぎ、パプリカ、ヤングコーン、ゆで大豆の順に加えて炒め、混ぜ合わせた A を加えてからめる。

memo

テンメンジャンがなければ、同量の豆みそを使い、砂糖を小さじ1と½に増やす。

金時豆の甘煮

圧力調理
20分
終了まで約1時間

圧力調理
3分
終了まで43分

浸水なしで圧力調理20分。
ほっこり煮えた金時豆を
お茶うけに、ゆとりの時間を。

材料(作りやすい分量)

金時豆(乾燥)…150g

水…2と½カップ

A
　砂糖…80g
　しょう油…大さじ½
　塩…小さじ¼

作り方

1　金時豆はさっと洗って水けをきる。

2　圧力鍋の内鍋に金時豆と分量の水を入れ(写真**a**)、ふたを閉めて**20分圧力調理**する。終了したらさらにそのまま1時間おく。

3　Aを加えて再びふたを閉め、**3分圧力調理**し、終了したらそのまま冷ます。保存容器に移して汁に浸けたまま、冷蔵で2〜3日間を目安に食べきる。

金時豆は大きめの豆だが、
圧力鍋なら浸水なしでOK。

ゆであずき

材料(作りやすい分量)

あずき(乾燥)…100g

水…1と½カップ

A
| 砂糖…50g
| 塩…ひとつまみ

作り方

1 あずきはさっと洗って水けを
きる。

2 圧力鍋の内鍋に小豆と分量の
水を入れ、ふたを閉めて**10分圧
力調理**する。終了したらさらにそ
のまま20分おく。

3 Aを加え(写真a)、**鍋モード**
の強めの中火にし、好みの濃度に
なるまで煮詰める。保存容器に移
し、冷蔵で2〜3日間を目安に食
べきる。

memo

焼きもちを加えてぜんざいに。青じそ
の実の塩漬けを添えると味が引き立つ。

ゆで上がったら砂糖と塩
を加えて煮詰める。

ぜんざいやおしるこにしたり、
トーストにのせたり、
ゆであずきはおやつに大活躍。

もち米100％でもっちりおいしく
炊けるのは、圧力鍋だからこそ。
お祝いの日に手作りしたい。

赤飯

ゆでる → 圧力調理 **4**分
終了まで約44分

材料(3〜4人分)

もち米…2合
ささげ…35g
水…2カップ
塩…小さじ½
酢…小さじ2
いり黒ごま、塩…各適量

作り方

1　もち米とささげはそれぞれ洗い、水けをきる。

2　圧力鍋の内鍋にささげと分量の水を入れ(写真**a**)、<u>鍋モード</u>の強めの中火にする。沸騰させて3分ゆでた後、10分おいてから豆とゆで汁に分けて冷ます。ゆで汁360㎖を取り分け、塩と酢を混ぜる。

3　圧力鍋の内鍋にもち米、**2**の豆、取り分けたゆで汁を入れ(写真**b**)、ふたを閉めて**4分圧力調理**し、さらにそのまま20分おく。

memo

ゆで汁に酢を加えると色が鮮やかになる。フライパンでさらさらにいった塩にいり黒ごまを混ぜたごま塩を添えると、味が引き立つ。

ささげに水を加えて、鍋モードでゆでる。

もち米にゆでたささげとゆで汁を加えて圧力調理。

鶏ごぼうご飯

鶏肉もごぼうも圧力調理だから
大きく切ってたっぷりと。
おかずのいらない炊き込みご飯です。

材料(3〜4人分)

米…2合
鶏もも肉…1/2枚(150g)
ごぼう…50g
しめじ…50g
昆布(5×5cm)…1枚
A
├ サラダ油…小さじ2
├ しょうゆ…大さじ1
└ 塩…小さじ1/2

作り方

1 昆布は水に浸けて戻し、1cm
四方に切る。戻し汁はとっておく。

2 米は洗って水けをきり、圧力
鍋の内鍋に入れ、1の戻し汁を加
えてから白米の2合の目盛りまで
水を加え、1時間おく。

3 鶏肉は2〜3cm角に切り、ご
ぼうは斜め乱切りにし、しめじは
ほぐす。

4 2に3、昆布、混ぜ合わせた
Aを加え(写真a)、ふたを閉めて5
分圧力調理する。

具材の量が多くても圧力
調理なら失敗なし。

いかめし

材料(2人分)

もち米…60g

するめいか…2はい

昆布(5×5cm)…2枚

A

┃ 酒…大さじ4

┃ しょうゆ…大さじ2

┃ みりん…大さじ2

┃ 砂糖…大さじ1

┃ 水…1と½カップ

作り方

1 もち米は洗い、水に1時間浸ける。

2 いかは内臓を抜き、足は細かく切る。水をきったもち米に足を混ぜて胴に詰め、楊枝で留める。

3 圧力鍋の内鍋に昆布を敷いて2を入れ、混ぜ合わせたAを加える(写真**a**)。アルミホイルで落としぶたをし、ふたを閉めて8分圧力調理する。

4 終了したら昆布を取り出し、鍋モードの強めの中火にし、汁にとろみが出るまで煮詰める。

5 いかめしを輪切りにして器に盛り、昆布を刻んで添える。

胴にもち米と足を詰め、調味料を加えて圧力調理。

あの人気駅弁が電気圧力鍋で気軽に再現できます。いかの足がコリコリしておいしい!

電気圧力鍋で炊く
簡単エスニックメニュー。
鶏のうまみがしみた
ライスも美味!

シンガポールチキンライス

圧力調理
5分

終了まで約45分

材料(2〜3人分)

米…2合

鶏もも肉…1枚(300g)

酒…大さじ1

塩…小さじ½

こしょう…少々

A
| しょうがのしぼり汁…1かけ分
| おろしにんにく…½かけ分
| 鶏がらスープの素(顆粒)…小さじ1
| 塩…小さじ⅔

ソース
| オイスターソース、
| スイートチリソース…各大さじ1
| ナンプラー…小さじ1

つけ合わせ(赤玉ねぎ、きゅうり、
  トマト、ライム、パクチーなど)…適量

作り方

1　米は洗って水けをきり、圧力鍋の内鍋に入れ、白米の2合の目盛りまで水を加えて30分おく。

2　鶏肉は皮をフォークで刺し、酒、塩、こしょうをまぶす。

3　1にAを加えてざっと混ぜ(写真**a**)、皮を上にして鶏肉をのせる(写真**b**)。ふたを閉めて**5分圧力調理**し、終了したらさらにそのまま10分蒸らす。

4　粗熱が取れたら、鶏肉を食べやすく切ってライスと盛り合わせる。混ぜ合わせたソース、つけ合わせを添える。

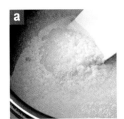

しょうがやにんにくを加えて炊くのがポイント。

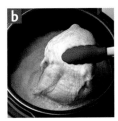

下味をつけた鶏もも肉をそのままのせて炊く。

具だくさんの本格中華おこわも
電気圧力鍋におまかせ！
冷めてもおいしいのです。

中華おこわ

材料(3〜4人分)

もち米…1合
米…1合
豚こま切れ肉…80g
干ししいたけ…2枚
干しえび…大さじ2
酒、しょうゆ…各大さじ1
にんじん…30g
ゆでたけのこ…70g
甘栗…8個
A
　鶏がらスープの素(顆粒)…小さじ1
　塩…小さじ1
　五香粉(あれば)…少々
　　　ウーシャンフェン
　ごま油…大さじ1

作り方

1　干ししいたけと干しえびはそれぞれひたひたの水に浸けて戻し、しいたけは4つに切る。戻し汁はそれぞれ取っておく。

2　もち米と米は合わせて洗い、水けをきって圧力鍋の内鍋に入れる。**1**の戻し汁を加え、白米の2合の目盛りまで水を足し、1時間ほどおく。

3　豚肉は2cm長さに切り、酒としょうゆをからめる。にんじんは1cm角に切り、たけのこはくし形切りにする。

4　混ぜ合わせたAを**2**に混ぜ(写真**a**)、**3**を加え(写真**b**)、ふたを閉めて**5分圧力調理**する。終了したら、半分に割った甘栗を加え、15分蒸らす。

具を加える前に米に調味料を混ぜる。

野菜の上に下味をつけた豚肉をのせて炊く。

フルタニ マサエ

料理研究家、「マダムマーサ・クッキング
スタジオ」主宰。豊富な海外経験を生か
し、幅広いジャンルの料理やお菓子を提
案し、テレビや雑誌で活躍。自由な発想
と合理的な考え方による、作りやすいレ
シピには定評がある。『おとなごはんと
一緒に作るこどもごはん』（日東書院）な
ど著書多数。

撮影　石井宏明

ブックデザイン　若山美樹　佐藤尚美（L'espace）

料理アシスタント　蓬原 泉　滝沢直子

イラスト　ine

校正　堀江圭子

編集制作・スタイリング　野澤幸代（MILLENNIUM）

企画・編集　川上裕子（成美堂出版編集部）

取材協力　アイリスオーヤマ株式会社

撮影協力　UTUWA

電気圧力鍋の大活躍レシピ

著　者　フルタニマサエ

発行者　深見公子

発行所　成美堂出版
　　　　〒162-8445　東京都新宿区新小川町1-7
　　　　電話(03)5206-8151　FAX(03)5206-8159

印　刷　凸版印刷株式会社